おむすびのにぎりかた

文・宮本しばに　写真・野口さとこ

ミシマ社

はじめに

ほかほかごはんに好きな具材を合わせるだけ。シンプルで安くて、だれにでも作れるおむすび。なのに、口にすると不思議な満足感が――。そこに秘められた〝おむすびの心〟を探りたい。本書は、そうして私、創作野菜料理家・宮本しばにと、写真家・野口さとこの二人で、日本中のおいしいおむすびを巡り、訪ね歩いた三年間の記録です。

「おむすびは単純に練習を重ねるだけでは上手くならない」とかねてから感じています。そこに「純粋な思い」と「あたたかい記憶」が込められて、初めておむすびレシピが完成されるのではないかと。

そういう意味でおむすびは「料理」のカテゴリーとは一線を画しているような気がします。にぎる人の素直な心を直に伝えるのがおむすびであり、だからこそおいしいおむすびを完成させるのは易しいようで難しく、深いのかもしれません。

学べば一様に作れる料理とは違い、その人自身がおむすびという形になって表れる。にぎる時間はほんの数秒だけれど、大げさに言えばその人の人生すべてがおむすびに込められるという、ごまかしのきかない世界があると思うのです。

そんなおむすびに秘められた「心」を紐解きたい。日本各地で暮らすさまざまな人たちがにぎる「お店では買えない」おむすびを、冒険心と好奇心を持って書いていきたいと思います。

創作野菜料理家　宮本しばに

おむすびのにぎりかた　目次

デザイナーの「エゴマおむすび」

京都府南丹市で刺繍と藍染めを

子どもにとって、母親の作るおむすびは心の安定剤のようなものだと思います。厳しくて、優しくて、あったかい、母親の記憶。ままごとをしたり、虫や植物と遊んだあの日——。今回訪ねた、京都府南丹《なんたん》市にお住まいの刺繍と天然本藍染めの「こちょこちょ」デザイナー・谷尾展子《のぶこ》さんのおむすびは、心の中にそんな懐かしい映像を蘇らせてくれました。

谷尾さんは、手刺繍や天然本藍染めの布製品を制作する「こちょこちょ」というブランドの店主です。小さく描かれた刺繍の中に、あたたかさとユーモア、そして存在感のある独特の世界を創り出しています。お客様のリクエストに応えて、下絵を描かずにいきなりチクチクと糸で描いて十分程で仕上げてしまうという、まさに「一本勝負技あり！」の手刺繍ライブを、各地で催しています。

そんな〝かっちょいい〟谷尾さんが住むのは、京都の郊外、静かな里山風景が広がる南丹市。

家の前から少し遠くに目をやると、単線電車が走っていて、その周りは原っぱです。

細い道の奥からは、学校帰りの子どもたちの元気いっぱいな声が聞こえてくる。そんなどこか懐かしく、心がやわらぐような場所にある工房に到着すると、谷尾さんのやさしい笑顔とご飯の炊ける香ばしい匂いが出迎えてくれました。

自生したエゴマの葉をおむすびに

谷尾家の定番は、エゴマのおむすび。エゴマの葉を醤油漬けにしたものを、丸くむすんだ炊きたてごはんに一枚、ふわりとのせます。

実はこのエゴマ、谷尾さんの大家さんである農学博士が、何年も前に蒔いた種が広がり、近所のあちこちで自生するようになったもの。家のまわりや畑の隅に自生したエゴマの葉を収穫して、醬油漬けにして保存。これでおむすびをむすんでみたら、とてもおいしく、谷尾家の定番になったそう。

エゴマはシソ科の植物で、見た目も青シソにそっくりだけれど、味や香りは青シソとはまったく違います。

エゴマの醬油漬けは、葉と葉の間にニンニクとたまねぎのスライスをはさんで重ね、醬油を注《そそ》いでひと晩漬ければ完成。エゴマの葉は薄いから、すぐに味がしみて、翌日には使えるのも手軽で魅力的です。

十穀米と合わせ、海苔を巻いていただきます

ごはんは十穀米。薄いえんじ色がきれいで、香りもよい。そのうえ栄養満点だから、おむすびのときはいつもこのお米を使っています。

また、炊いたお米は必ず一度おひつに入れます。こうすることでおひつが余分な水分を吸い、おいしさが増すという先人からの知恵。そのひと手間がすばらしい。

俵型のおにぎりの上から、海苔をくるりと巻いたら、おむすびは完成です。

エゴマと海苔のいい匂いがほわ〜んとただよって……。その場にいたみんなのお腹がぐうぐう鳴り始めました。

〈レシピ〉
用意するもの
・エゴマ……三十枚以上
・ニンニクのスライス……適量
・玉ねぎのスライス……適量
・醤油……ひたひたに浸る量
・ごはん……人数分
・海苔……人数分

〈作り方〉
1　エゴマの葉十枚を容器に入れる。
2　1の上にニンニク、玉ねぎのスライスをのせ、さらにエゴマ、ニンニク、玉ねぎの順に繰り返し重ねる。
3　2の上から醤油をひたひたに注ぎ、ふたをして冷蔵庫へ（翌日から使える）。
4　十穀米を炊いて、おむすびをむすぶ。
5　むすび一つにつきエゴマを一枚巻く。
6　四分の一にカットした海苔を巻いて完成。

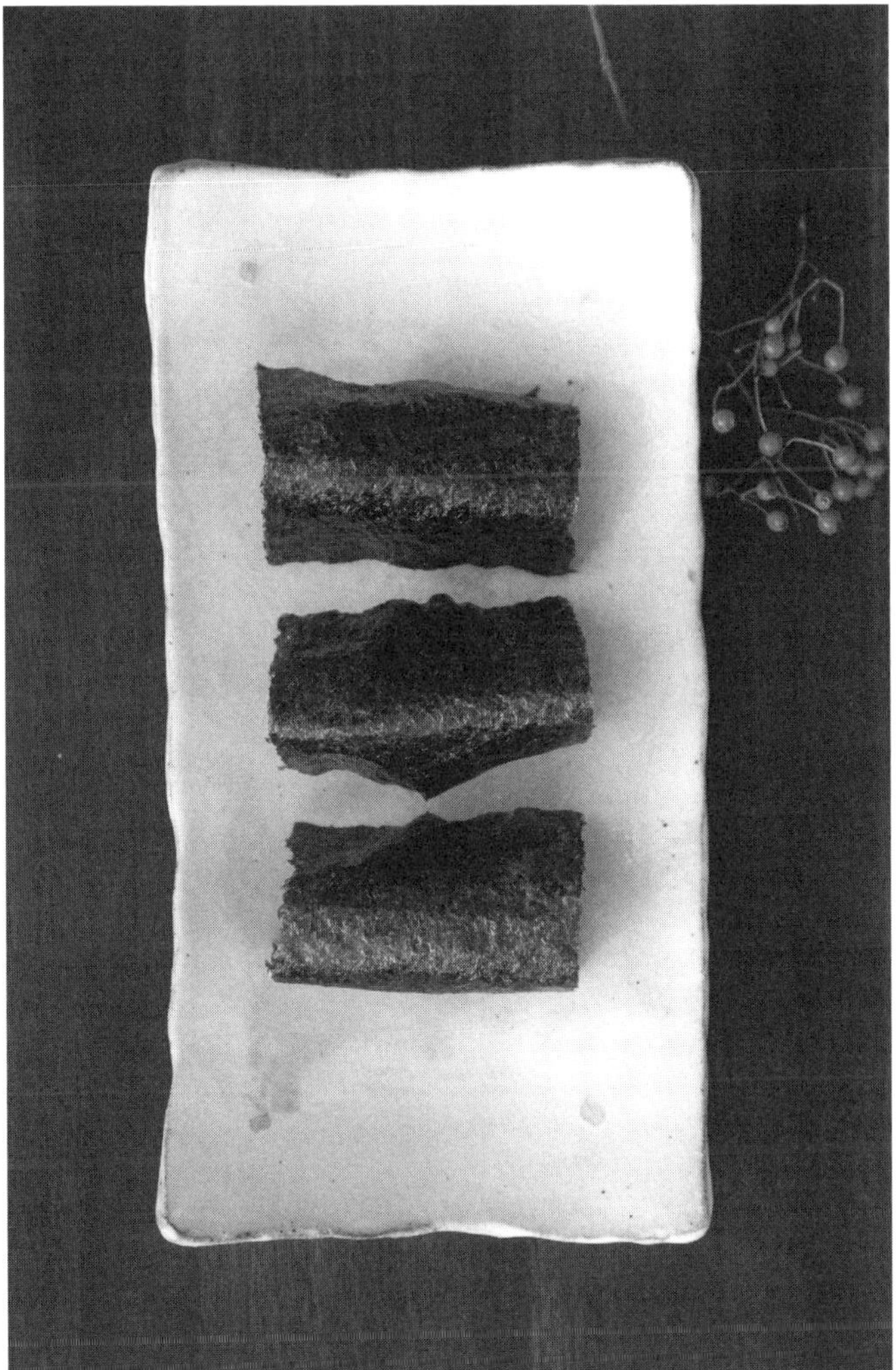

酒造り職人の「梅むすび」

酒造りにひたすら没頭

長野県にある日本酒の蔵元「大信州」にお邪魔しました。この蔵元の日本酒は、米、水、製法にこだわり、毎年おこなわれる「インターナショナルワインチャレンジ」という国際ワインコンテストの純米酒部門と純米吟醸・純米大吟醸部門で、数々の賞を受賞しています。

田中勝巳さんは、先代の次男として生まれました。一時はワイン会社に勤めていましたが、今は故郷に戻り、「大信州」の酒造りの責任者として、また杜氏《とうじ》として活躍しています。本社は長野県松本市にありますが、田中さんは毎年十月〜四月までの七カ月間、長野市豊野町の蔵に泊まり込み、蔵人七人で酒造りに没頭します。伺ったのは一月。豊野町の蔵で酒造りに奮闘している真っ最中でした。

「もろみはごまかしがきかない」

「日本酒の元となるもろみは、人間の気持ちや行動を把握しています。従業員以外の人が熟成室に入っただけでも、熟成状態が変わってしまいます。正月に従業員を休ませただけで、もろみの熟成が止まってしまったほど。もろみはごまかしがきかないのです」と田中さんは語ります。

「もろみの熟成室を厳しく管理し、一定温度にしていても、外気温が一度でも違うともろみに気づかれて、熟成の状態が変化してしまいます。不思議ですが、もろみは身の回りの環境をすべて把握してしまうのです。ですから、人間を含めたすべての環境をととのえることに全力を注ぎます。機械に頼る他力本願ではダメ。自分たちにできる『もろみにプラスになること』を何でもやってみます。ときにはもろみに音楽を聴かせることもあるんですよ」

蔵のあちこちの壁に、「愛・感謝」と書かれた張り紙が貼ってあります。毎年、従業員全員でその張り紙を手書きしています。どんなに忙しくても、この気持ちを忘れて仕事をしてはいけないという、もろみに対する愛情と敬意です。人の心の持ち方ひとつで日本酒の味が変わってしまうことを体感している人間だからこその行動。お客様には見えない部分ですが、これこそがモノ作りをする上で一番大切にしなければならないことだと思いました。

ぶこつに、やさしさを込めてにぎる

さて、そんな田中さんが作ってくれたおむすびは、シンプルな「梅むすび」。炊きたてのあつあつごはんを、手のひらいっぱいにのせる田中さん。そこに梅干しをのせ、あとはとにかく豪快に、手早くにぎり上げました。力強いけれど、決して乱雑ではない。やさしく、それでいて大胆な手の動きに思わず見入ります。

少し不恰好、でもそんなところが何ともおいしそうな田中さんのおむすび。使っているのは米と塩、梅だけなのに、とても味わいがあります。もろみを育て、ずっと接している田中さんの手には、美味しくなる菌が宿っているのでしょうか。

田中さんがもろみに心を配るように、おむすびを作る人の心が、そのまま「おいしさ」に反映されるのでしょう。しみじみおいしいと感じるおむすびでした。付け合わせの漬物は、蔵で漬けた野沢菜、酒粕《さけかす》に漬けた瓜、野

沢菜を粕で煮たものです。

実はお話を伺った日の前夜、田中さんはおむすびをにぎる練習をしたのだそうです。

それを見ていたほかの従業員も「面白そうだ」とみんながにぎり始め、楽しくて止まらなくなって、炊いたごはんは残らずおむすびに。結局、おむすびは全部、みんなのお腹に入ってしまいました。

「いつもごはんを炊くと三分の二は残ってしまうのに、昨晩はその三倍は食べました！」と、田中さんは嬉しそうに話してくれました。


〈レシピ〉

用意するもの
・ごはん……人数分
・塩……適量
・梅干し……半個（おむすび一個につき）
・もろみの菌が染みこんだ手

作り方
1　三本の指に塩をつけ、もろみの菌が染みこんだ両手全体につける。
2　片手いっぱいにごはんをのせ、中央に梅干しをのせる。
3　ごはんをかぶせながらにぎる。あくまでぶこつに、ふんわりと。形にはこだわらず、「愛・感謝」の気持ちを込める。

セラピストの「香るおむすび」

「気持ちに元気がないときに添うお食事がないのはなぜだろう?」

村田真彌子《まみこ》さんは、長野県松本市を拠点に「香り・色・スパイス・ハーブ」をテーマにした講座や施術を行っているセラピストです。植物から抽出される香りを利用する「アロマセラピー（芳香療法）」や、薬用植物であるスパイスやハーブなどの自然療法をはじめ、色彩心理、月の満ち欠けと心身のリズムとの関連性……といったテーマに長年取り組んでいます。

独自の視点と知識を駆使した、一人ひとりのリズムに合わせた心の処方をすることに定評があり、私自身も彼女と「食と色」をテーマにしたコラボ講座を開催したことがあります。

村田さんは、子どもの頃から「体調の優れないときにいただくといい食の知恵はあるのに、気持ちに元気がないときにそれに添うお食事がないのはなぜだろう?」と考えていたそうです。

その疑問は、セラピストとしての人生を歩むうち、食に色彩や香り、月のリズムといった新しい視点を取り入れることで解決することになります。

色や香りは人の内側に作用する

色彩や香りは本能を刺激します。料理に色や香りを意識して取り入れるだけで、からだだけではなく、心にも良い影響を与えてくれるのです。また、色や香りは、記憶や食欲など脳の働きとも関係していますから、音楽と同じようにダイレクトに人の内側へ働きかけてくれるものでもあります。人の内面的な調和を図るために、とても大切な要素なのです。

私自身、国内外のレストランに行ったときに印象的だった料理の味、色、香りはどこかで記憶していて、帰ってからその料理を再現しようとすると、そのときの情景、香り、色、空気、様々な記憶が自然に蘇ります。色や香りが人の繊細な部分に作用することが、このことからもわかります。

小さい頃に食べたおむすびの記憶が、その人の人生の「あたたかな記憶」としてあるのは、色や香り、環境など、様々な要素が、脳、心、からだ全体に染みこんでいるからではないでしょうか。あたたかな記憶を生み出す場所である「キッチン」で働く人の役割は、とても大きいと思います。

村田さんは現在、食に五感を上手く取り入れるための知恵を、「心模様に合う食」として講座などで紹介しています。そんな彼女が作ってくれたのは、スパイスやハーブを加えた「香るおむすび」。四種類ともに香りを意識した、記憶にも結び付きやすいおむすびです。

ハーブやオイルで香りづけ

「クミンシード&チーズのおむすび」は、フライパンで炒めたスパイスの香ばしさが引き立っています。

昔、食が細かった村田さんが少しでも食べられるようにと、お母さんがおむすびにチーズを入れていたのだそうです。今は彼女もそのおむすびを受け継いでいます。

「ごま油のおむすび」は、ご飯にごま油を混ぜるという、シンプルだけど面白い発想のおむすび。これは、油脂を使うとおむすびが冷

めてもおいしいからだそうです。

「オイルのカロリーを気にして敬遠する方も多いのですが、オイルの種類によっては、健康維持・増進のために積極的に摂りたいものもあります。自分が落ち込んだときは、まず、ぐっすり眠る。そして、好きなことをしたりお気に入りの場所に行ったりする。それでもダメならスプーン一杯のオイル（特に不飽和脂肪酸のオメガ3）を摂ります」と村田さん。

そういえばイタリアでは子どもが風邪をひいたとき、寝る前にお母さんがオリーブオイルをスプーン一杯飲ませる、と聞いたことがあります。

「シーチキンそぼろおむすび」に入れるのは、甘辛に炒め煮したシーチキンと、ネトル（西洋イラクサ）というハーブ。ネトルは、カルシウム、ビタミン、鉄分を含んでいてミネラルが豊富です。アレルギー体質に良く、血行促進、浄血作用があるそうです。強壮作用も見込めるので、季節の変わり目や、忙しい毎日を送っている人にも良い働きをしてくれます。

「甘酢生姜のおむすび」は、暑い夏など食欲がないときにも食が進む味。さっぱりと寿司飯のような感覚で食べられるので、簡単にお寿司風にアレンジできて、子どもと一緒にも楽しめそうですね。

〈レシピ〉

用意するもの

・ごはん……人数分

各おむすびに入れる材料

・クミンシード、チーズ、パセリ……適量

・ごま油……適量
・甘酢生姜……適量
・シーチキンそぼろ、ネトル（乾燥）……適量

作り方
1　ごはんを用意し、各具材を入れて混ぜる。
2　手に塩をつけてごはんをのせ、好きな形ににぎる。

＊クミンシードを使うときは、フライパンで香りが出るまで炒る。
＊ごま油は香りが高いものを使う。
＊甘酢生姜はお酢、砂糖、生姜で味付けする。
＊シーチキンそぼろは醤油、砂糖、生姜、ネトル、白胡麻を入れてぽろぽろになるまで炒める。

シュートボクサーの「闘うおむすび」

柔軟な肉体と精神を支えるご飯

今回訪ねたのは高橋藍さん。シュートボクシング・日本女子バンタム級の一、二位を争うボクサーです。昼間は出版社の編集者として働き、夜はシュートボクサーとしてトレーニングに励む藍さん。試合の一カ月半前から七、八キロ減量しなければならないという過酷な条件の中で、この二つを両立させながら暮らしています。

彼女の第一印象は「明るくてはつらつとした女性」。心身共にエネルギーに満ち溢れていて、その体温がこちらにも伝わってくるようです。男性顔負けの強そうな女性と思いきや、藍さんは笑顔が可愛らしく、キュートしなやかな女性でした。しっかりしたヴィジョンと内面の強さを持ち合わせていて、内側も外側も文句なくかっこいい。

そんな強靭で柔軟な肉体と精神を持つ藍さんを支えているのが、毎日三食のお米。試合前の減量も、日々のトレーニングも、お米なしでは保《も》たないと言います。外出するときも炊いたごはんを「おむすび」にして持ち歩いています。「ほかの炭水化物（パンやパスタなど）だと疲労回復度が低いんですよ」と藍さん。ごはんなしで減量すると、肉体だけではなくメンタル面もダウンしてしまうそう。お米中心の食事はカラダとメンタル、両方のために必須なのです。

減量法は「ご飯六割、おかず四割」

藍さんの減量法はいたって簡単。ごはん六割、おかず四割（汁物含む）の比率にすることだけで、おかずは肉、魚、野菜、何を摂ってもいいそうです。三大栄養素である炭水化物、脂質、タンパク質のバランスを整える方法で、炭水化物をしっかり摂ることに重点をおきます。藍さん曰く、「イライラや疲れ、不安定な精神状態はごはんをしっかり食べていないのが原因」。今どきの子どもたちのことが頭によぎります。

藍さんの減量法は、昔、日本人が食べていた伝統食にとても近いのではないかと思いました。ごはん、味噌汁、おかず一、二種類の、一見質素に見えても、実は力の出る食事。からだの「芯」を太く、そして心身を強くしなやかにするのに、ごはん（おむすび）は最適な食べ物だと感じました。

藍さんの減量法はまさに原点回帰。食を変えればカラダもココロも変わる。まさにおむすびは健康食のチャンピオンだなぁ。

魚や漬け物を具材に

藍さんのおむすびはお母さん譲り。小さい頃からお母さんはどこへ行くにもおむすびを作って持って行ったそうです。「おむすびって完全食なんですよ」と嬉しそうにおむすびをにぎり始めます。

鮭や梅干しのおむすびはお母さんがよく作っていたもの。今回は鮭がなかったので鯖《さば》を使いました。お母さん手作りの梅干しとシソ漬けも、定番の具材です。

大きな手でにぎると、大きな三角おむすびが完成。お母さんが作るおむすびと同じサイズです。

お米は白米、雑穀、五分づき、七分づき、なんでもよし。玄米でもいいですが、消化に時間がかかるので、藍さんのお好みは雑穀米を入れた七分づき。試合前の減量中は普段の

三～四倍の雑穀を入れます。

自家製のぬか漬け（今回はキュウリ）と、豚汁を横に添えて出来上がり。藍さんによると、おむすびと豚汁の組み合わせが最強なのだとか。そして、おむすびはよく嚙むのが鉄則！　よく嚙むと胃腸が動いて体温が上がり、代謝がよくなります。

これが一番おいしいんですよ、と手に付いたご飯粒を食べる藍さん。そう、そこが一番おいしいところ。料理をしている人の小さな喜びです。


〈レシピ〉

用意するもの
・雑穀＋七分づきごはん……人数分
・自然塩……多めに適量
・鮭（または鯖）……適量
・自家製梅干し……適量
・強くて大きなシュートボクサーの手

作り方
1　ごはんを手に取り、具を入れてふんわり包み、一度皿にのせる。
2　手を濡らし、塩をつけて両手ですり込み、もう一度多めの塩をつける。
3　力強い「氣」とやさしい「心」を手に込めて、三角ににぎる。
＊海苔は巻いても巻かなくてもいい。大切なのは「自分に負けない元気心」でにぎること。

醤油屋のおむすび

普段から口にするのは生産者がわかっているものだけ

大久保文靖《ふみやす》さんは長野県松本市にある大久保醸造店の三代目。漆《うるし》で塗られた木桶《きおけ》を使い、昔ながらの製法で醤油を製造しています。できるだけ人の手で醤油を造りたいと、その生産量を限定し、原料選びから製品になるまで、いっさい手を抜きません。その味は保証済み。料亭や蕎麦屋をはじめ、多くの料理人に支持されています。

そんな大久保家では日々の食材にも徹底したこだわりがあります。普段から口にするのはすべて生産者がわかっているものだけ。調理する際も電子レンジなどは使いません。「原始的な生活ですよ」と大久保夫妻は笑います。

発酵食品について、大久保さんはこう語ります。

「醤油や味噌などの発酵食品には、分析しても目に見えないものがいっぱい入っている。手をかけ、時間をかけて作ることによって、命にやさしいものがたくさんできるんだ。台所を預かる女性だって同じだよ。一家の健康はその手の中にある。だから女性がしっかり家族の『食』を守らなければいけないよなぁ」

「台所を預かる者の責任」という言葉が心に大きく響きました。

心を発酵させていく

発酵食品は時間をかけて作ることによっておいしくなり、からだに良い作用を及ぼすもの。料理も同じです。キッチンに立ち、食材と向き合う。発酵させるように時間をかけて料理が熟成していきます。日々、それを繰り返していくうちに、料理に対する真心が本物になっていくのだと思います。

大久保さんのおむすびを食べたときの、お米一粒一粒の芯の強さとふっくらした味は、長い年月をかけて培《つちか》った大久保家の味。「心を発酵させていくこと」でおむすびも自然とおいしくなるのですね。その生き方や考え方がおむすびに凝縮されているようでした。

大久保さんが取材の最後に「大久保家の信条」を語ってくれました。

――日々の料理こそ明日の命。味は心で五味調和――

日々の料理を丁寧に、ごまかさずに作ることは明日の健康に繋がる。真心込めて料理し、酸味、苦味、甘み、辛み、塩味、この五味の調和がとれた味を目指すことが、からだと心の調和に繋がる。

このような解釈になりましょうか。おむすびのおいしさというのは、材料の善し悪しだけではなく、五味調和のとれたからだと心が鍵かもしれません。

自家製の漬物や野菜を具材に

大久保さんの作るおむすびの具材は自家製の漬物や野菜が中心です。梅干、たくあん、野菜の味噌漬け（ミョウガ、昆布、しその実、うり、菊芋、大根葉、根深味噌など）、ゆかり、煮大豆（味つけする）など。

照れくさそうにどんどんおむすびをにぎっては皿に並べていく大久保さん。もっと大きなおむすびを想像していましたが、意外と小さい？

焼きおむすびは根深ねぎ味噌（根深ねぎと味噌を混ぜ合わせる）と大久保醸造店の「甘《かん》

甘露

露《ろ》醤油」を使って囲炉裏《いろり》で焼き上げます。

おむすびに使う食材はすべて大久保家で作られたもの。お米、大豆、梅干し、味噌や醤油を使った漬物など……それぞれの食材が極上品です。そして、それらが合わさって、足し算どころか、かけ算となった味わいを持っていました。

〈レシピ〉

用意するもの

・ごはん……人数分

・各おむすびに入れる材料……それぞれ適量

a　自家製の味噌漬け、梅干し、たくあんなど

b　煮大豆

c　ゆかり

d　黒ごま

e　甘露醤油、根深ねぎ味噌

作り方

a　手にご飯をのせて、刻んだ漬物をごはんの中心に入れてにぎる。

b　ごはんに煮大豆を混ぜてにぎる。

c　梅干しを作るときに一緒に漬け込んだシソの葉を天日干しにして乾燥させ、すり鉢で粉にしたゆかりをごはんに混ぜてにぎる。

d　ごはんに炒った黒ごまを混ぜてにぎる。

e　自家製味噌に根深ねぎ（白ねぎ）を入れて混ぜ、根深ねぎ味噌を作る。囲炉裏で炭をおこし、一つは大久保醸造店の甘露醤油をおむすびに塗りながら焼く。もう一つは根深味噌を片側に塗り、焼く。

小さなイタリア料理屋の夫婦むすび

木曽で基礎を大事に

長野県木曽郡の山あいにある小さな村に、イタリア料理屋「base《バーゼ》」はあります。baseとはベース（基部、根元、土台）という意味。「木曽」とも掛け合わせて、木曽という土地で基礎を大切に仕事をしていきたい、という気持ちが込められています。

このお店のオーナー兼料理人である、神出《かみいで》達樹さんとさくらさん夫妻。共にイタリアで料理修行し、イタリア人の食に対する考え方や食材の質の高さ、うさぎや豚一頭をさばき、余すところなく使うことなどに衝撃を受けたそうです。

イタリアの家庭料理をこよなく愛す二人は、帰国後、さくらさんの実家がある今の場所でお店を始めました。

テーブル席が二つある母屋《おもや》と、グループのための離れというこじんまりとしたスペースで、落ち着いて食事が楽しめます。達樹さんの手打ちパスタや地物を使った料理、さくらさんのパンやデザートを求めて、食通たちが遠方からも足を運ぶ隠れた名店です。

そんな二人が作り出す料理はあたたかく、親しみやすく、丁寧、そして気取りがありません。過度に飾らない美しい料理は、素直でシンプルな生き方をしている彼らの人柄を表しているようです。

料理の「三か条」

彼らが料理するときに守っている「三か条」があります。

まず「食材の質」。当たり前ですが結局のところ、この「質」ですべてが決まるため、とても大切です。

二つ目が「おいしくなるように作る」。味だけではなく食べる人の年齢や好み、コース全体のバランス、時間のタイミング等、すべてが含まれて「おいしさ」になりますから、なかなか深い言葉だと思いました。香り、味の繋がり、食感に違和感がないように日々努めているそうです。

最後は「組み合わせのシンプルさ」。コースのバランス、一皿のバランス。複雑な味にせず、引き算で料理をしていく。この三か条は毎日キッチンに立って料理するすべての人にとっても、良い心得になるのではないでしょうか。

そんな二人が作ってくれたおむすびは、家で代々伝わってきた具材の組み合わせです。ゆかりと野沢菜のおむすび、そして味噌汁と漬物。シンプルな組み合わせですが、これ以上何も足す必要のない完結された形です。

引き算で生まれた形が「おむすび」であるならば、添える料理もまた引き算なのです。それが「おむすびの食卓」のちょうど良い加減。二人の基本姿勢でもある、「おいしくなるように作る」ためのコツなのだと思いました。

炊飯はフランス製の鉄鍋で

イタリア料理屋にふさわしく、おむすびに使うごはんはフランスの鉄鍋で炊きます。オーヴァルの美しい鉄鍋で炊いたごはんがとてもおいしそう！

ゆかりは達樹さんのお母さまのお手製。幼いころから、よく作ってもらったというおむすびの具材です。野沢菜の炒め物はさくらさんの家に代々伝わるおかず。

さぁ、二人が同時におむすびをにぎります。達樹さんは小さな俵型のおむすびを丁寧に形よくにぎり、ゆかりを全体にまぶして皿へ。その隣でさくらさんは茶碗いっぱいにごはんを入れ、野沢菜漬けの炒めものを入れて大らかににぎります。さくらさんの肝っ玉母さん的な大きなおむすびと、達樹さんの小さくて緻密なおむすび。対照的なおむすびがとても印象的です。

味噌汁の具材は、信頼を寄せている農家から手に入れたもの。大根の漬物と味噌は自家製です。形も大きさも違う二人のおむすびですが、その両方に二人の温かい人柄と、素直で謙虚な心が現れていて、base のお料理とも重なりました。

根幹にあるおむすび

最後にさくらさんに質問をしました。

「どんなときにおむすびをにぎりますか？」

「お腹が空いたときに！　パンを焼く忙しい朝などにもにぎりますし、ちょっと出かけるとき、朝ご飯としておむすびを作って持っていきます」

イタリアに住んでいたときの朝食は甘いパンにカプチーノだったそう。

ところ変われば品変わる、で食文化と住む場所は密接な繋がりがあります。おむすびはさしずめ、日本の base（根元）のような食べ物でしょうか。

そしてその人自身を象《かたど》った「オブジェ」のようなものだとも思いました。大小、形も様々だけど、そこに込められたその人自身の姿がおむすびとなって現れるのかもしれませ

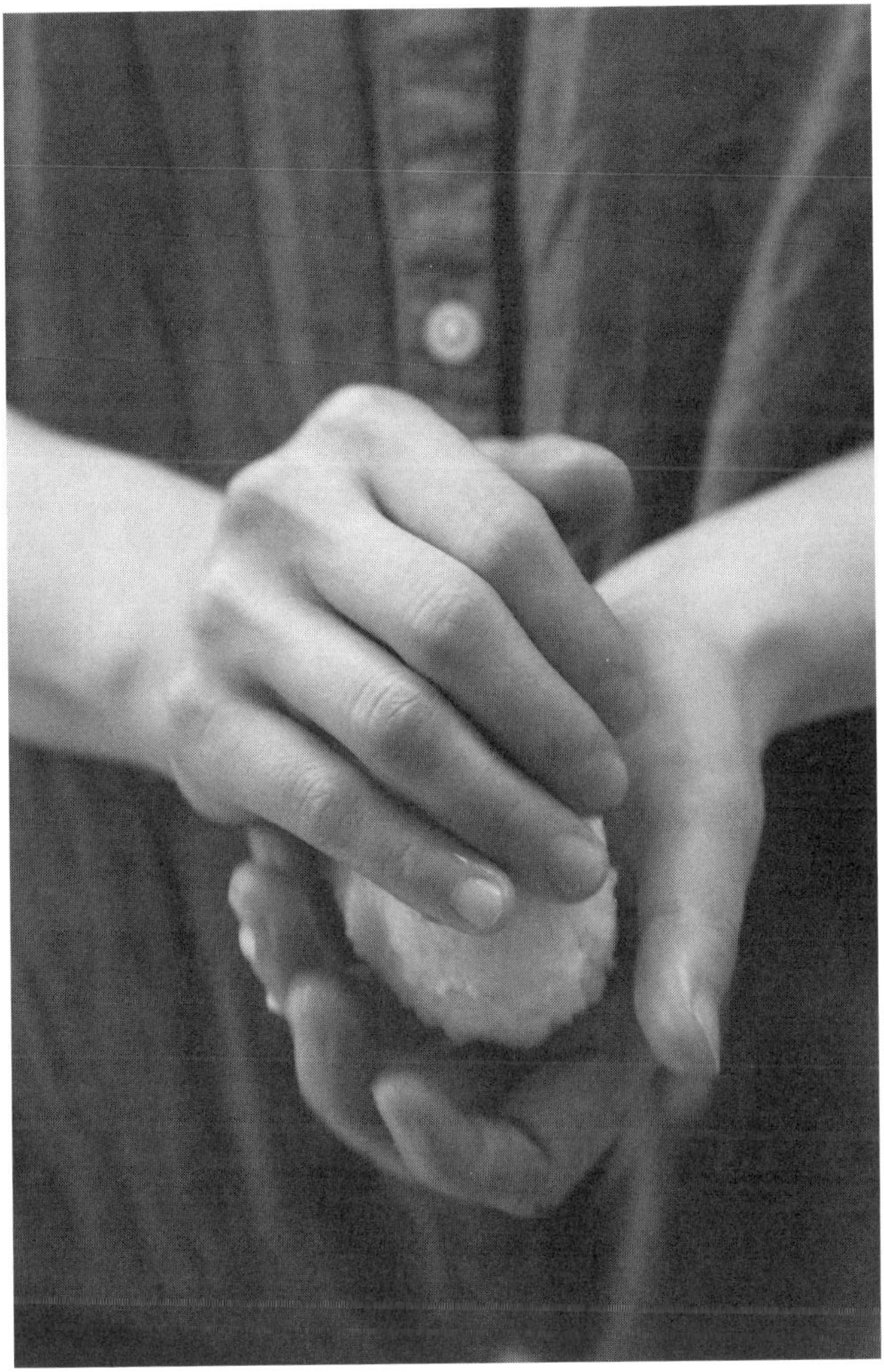

ん。
二〇一五年には長女・桔花《きっか》ちゃんが産まれ、幸せいっぱいの三人のぬくもりが、このイタリア料理屋に反映されますね。ますます楽しみです。

〈レシピ〉
用意するもの
・ごはん……人数分
・自家製ゆかり……適量
・野沢菜炒め……適量
・「三か条」の心得を持ったシェフの手

作り方
1 丁寧に形をととのえながら俵型ににぎり、自家製ゆかりを全体にまぶす。
2 野沢菜炒めを作る。野沢菜漬けを細かく切り、生姜のみじん切りと一緒に油でさっと炒める。醤油、みりん、砂糖で味付けし、白胡麻を加える。
3 手にごはんをのせ、野沢菜炒めを入れてふんわりにぎる。

かあちゃんのおむすび

「水が一番大事です」

西林浩史さんと、そのお母さまであるきくみさんが結ぶ、なつかしいホイル包みのおむすびに出会いました。

西林浩史さんはスケートボードなどを販売する会社を横浜で経営していましたが、子どもを育てる生活環境や食べ物のことを考えて、二〇一一年に家族で引越しを決意。

「畑をやるにも、生活するにも、基本は水。水が一番大事です」と語る浩史さん。会社は人に任せて故郷である長野に移り、今は飯綱《いいづな》高原のスキー場で貸しボード屋、食堂、イベント企画など様々な活動をしながら、畑で野菜を作ったり、その野菜で加工食品を作ったりと、大忙しの日々を送っています。

学生時代に野球をやっていた浩史さんが、お腹が空くと食べていたのは「かあちゃんのおむすび」。今回はお母さん、きくみさんがそのおむすびを再現してくれました。

海苔で覆うのは、お米がアルミホイルにつくのを防ぐため

真っ黒で、大きくて、丸いおむすび。一つのおむすびに四分の三合ほどのごはんを使ってにぎります。それを海苔で真っ黒になるまで覆い、アルミホイルで包めば完成。

そういえば、昔はみんなこんなおむすびでした。ごはんの湯気でおむすびに海苔がぺったりと貼り付いて、アルミホイルを開けると、ごはんと海苔と具の混ざり合った香りがぷ〜んとして、それだけでお腹が空いたものです。

海苔で覆うのはお米がアルミホイルにつくのを防ぐため。昔はアルミホイルしかなかっ

たので、お母さんの小さな知恵ですね。

きくみさんのおむすびを食べたとき、母の手の匂いを思い出して、しばしノスタルジックな気分になりました。しかしまぁ、人間の五感の記憶はすごいものです。試験の前に必死で覚えた数字や言葉はすぐ忘れてしまうのに、一度でも魂に触れた食べ物のことは忘れない。

そう考えると、お弁当箱にコンビニのおむすびを入れたり、冷凍食品や出来合いのお総菜ばかりを食卓に並べることはできるだけ避けたいなと、浩史さんときくみさん親子の姿を見ながら思いました。

子どもがお母さんの愛情をたくさんキャッチできる環境作りがお母さんの役目かしら。おむすびはそのつなぎ役かもしれません。

親子でにぎる思い出のおむすび

写真に写るのが恥ずかしいと言うきくみさんに、浩史さんが「それじゃ一緒におむすびをにぎろう」と提案。ふたりともやっぱり照れくさそう。

昔から西林家ではこの二種がおむすびの具材。刻んだカリカリ梅とぼたんこしょう味噌。「ぼたんこしょう」は長野の伝統野菜で、ピーマンと唐辛子をミックスしたような野菜です。味噌ととても合います。

浩史さん、きくみさんがにぎったおむすびを並べると、きくみさんのおむすびのほうが大きい！　やっぱりお母さんのおむすびは懐しさに包まれたような安心感があります。

これをさらに、ごはんの色が見えないぐらい海苔で覆います。これぞ日本のかあちゃんおむすび！

「ぼたんこしょう味噌」も西林家に昔からあるおむすびです。丸くにぎったおむすびをフライパンで表面がこんがりするまで焼き、最後にぼたんこしょう味噌を塗ればできあがり。

私が亡き母のことで思い出すのは、いつも手間と時間をかけておいしい料理を作ってくれたこと。それが結局、心とからだの力となり、柱となっています。

イタリアではお母さんの味が家族全体をまとめると言います。日本のおむすびも同じような役割を担っているのかもしれません。

西林親子のあたたかい関係は次の世代、孫のひなたちゃんに引き継がれていくのでしょう。大きくて丸くて真っ黒なおむすびをひなたちゃんがにぎるのをいつかこの目で見てみたいな。


〈レシピ〉

用意するもの
・ごはん……人数分
・カリカリ梅（刻む）……適量
・ぼたんコショウ味噌……適量
・かあちゃんの手

作り方
1 ごはんにカリカリ梅を入れて混ぜる。
2 かあちゃんの手にご飯をのせ、好みで塩をつけながらにぎる。
3 ぼたんコショウ味噌を作る。味噌に細かく刻んだぼたんコショウを入れて混ぜる。フライパンを熱し、おむすびを両面焼く。ぼたんコショウ味噌を塗ってできあがり。

ガラス作家の「赤梅酢むすび」

「食にかかわることはガラス製作と同じぐらい大事」

新居百合子《あらいゆりこ》さんは、吹きガラスで生活日用品を造っています。日本を代表するガラスメーカー「カガミクリスタル」で十五年間勤めていましたが、結婚を機に大阪府箕面《みのお》市へ移住。現在は自分の作品を製作する日々を送っています。

住む環境と食を大切にしたいと、以前から畑を借りていた能勢町《のせちょう》に移住することを決意。三十年間放置されていた古民家を改装しながら、今は移住の準備中です。

「作っている人の顔が見える食材を使うことが何よりも喜びです。食にかかわることはガラス製作と同じぐらい大事」と、百合子さんは地元の人に教わりながら野菜や穀物を育て、味噌、梅干し、餅、乾物など、加工品を作っています。

白大豆、青大豆、くらかけ豆、黒豆など、百合子さんは様々な豆を栽培しています。「白大豆」、通称〝あぜ豆〟は水田のあぜ道で育て、味噌や豆腐などの加工品に。「緑大豆」はもっちりしていて粒が大きいので煮豆にするとおいしいそう。

百合子さんの新しい住まいは、都会の喧噪から離れた山間の里山地域にあります。栗林があり、焚き火の匂いがする懐かしい風景。その光景が人をやさしく包み込み、あたたかさと懐の深さを感じさせてくれます。

ガラスづくりを支えるおむすび

「息」が造る形が好きです、と語る百合子さん。ガラス製作は体力のいる仕事です。ガラスを溶かす温度は一二〇〇～一四〇〇度。熱さに耐えながらの作業のなかで、迅速に形を造っていかなければなりません。ガラス製作の技術はもちろん、持久力も必要になります。

そんな百合子さんの重労働を支えるのがおむすび。百合子さんは二合のお米で四〜五個のおむすびを作り、仕事場に持っていきます。朝早くから夜遅くまで、製作中にお腹が空くと一個、また一個と食べながら仕事をします。

百合子さんにとっておむすびとは？ と質問すると、少し考えてから「作ってもらうと嬉しいもの」という答えが返ってきました。

おむすびを食べるときはそこに何か、心を通わす相手やご褒美的な対象がありますね。おむすびは自分と何かを結ぶパイプの役割があるように思えます。人、モノ、想い、情景……、自分が共に喜び合う何かをおむすびが接着してくれるのでしょうか。

おむすびは普段とは少し違う特別な日に作ることが多いと思います。おむすびで何かを表現したいときです。応援したり、自分の心を高めたり、喜びを表すとき。その一番身近な表現方法として、おむすびがあるのかもしれません。

手にまぶすのは梅酢

塩ではなく、梅酢を手に付けてにぎります。この梅酢は梅を漬け込むときの副産物で、下漬けした梅と赤紫蘇を本漬けするところの汁が生まれます。ドレッシングにも使えそうですね。

百合子さんはモチッとしたごはんが好き。だから圧力なべで炊きます。白米三合に対して大さじ一の黒米を入れます。たった大さじ

着る人ができるだけ自然体になれるように

鎌倉駅から徒歩八分。「ネイビーヤード」はオリジナル服と雑貨のお店です。入り口から中を覗くと、店主・小野喜代治《きよじ》さんがカウンター奥で、古い友人を待っていたかのように人懐《なつ》っこそうな顔をして立っていました。

店内は白とブルーを基調にした洋服や雑貨がところ狭しと並んでいます。土日はカフェにもなり、ときにはお惣菜とおむすびを出す「立ち飲みカウンター」になります。

「きよじぃ」こと小野喜代治さんは、大阪生まれの神戸育ち。東京のアパレル業界で仕事をしていましたが、十年前に独立し、パートナーの日高典子さんと鎌倉にお店を構えました。

「仕事をする上で大切にしていることは何ですか?」と尋ねたところ、「自然であること」という答えが返ってきました。

着る人ができるだけ自然体になれるように、かっこつけたようにならないように服をデザインします。細部までこだわったシンプルで気取りのないネイビーヤードの服は、幅広い年齢層から支持されています。

みんな一緒に楽しもうよ、という高揚感

運動会のときに作ってくれたお母さんのおむすび弁当が楽しみで仕方がなかった、と語るきよじぃに「おむすびってきよじぃにとって何ですか?」と聞いたところ、少し考えたあとに「めし!」と力強い答えが返ってきました。

きよじぃにとっておむすびは、仕事し、愉しみ、鎌倉で生きていく中で、欠かすことのできない基本食なのかもしれません。

海のある土地柄と気候。町を歩いてみると、ひと昔前の空気感があり、その一方でおしゃれで粋な雰囲気が混在している。個人商店が多く、隣に住んでいる人の顔が見えるような暮らし。肩肘を張らず、開放感のあるたずまいが鎌倉にはあります。そこに暮らす人を良い意味で脱力させ、大らかな気持ちにさせてくれる場所です。

きよじぃのおむすびはとても楽しそうで、みんな一緒に楽しもうよ、という高揚感がありました。その土地が持っている空気がおむすびをおいしくさせるのですね。鎌倉の海の「潮風」という天然調味料が加わり、おむすびが一層おいしく感じられました。

「茶碗回し」で形をととのえる

きよじぃのおむすびの基本は「錦松梅」「ちりめん山椒」「いかなごのくぎ煮」の三種。おむすびというと昔からこの三つが定番です。これらの食材はいつも横浜で購入します。

ごはんはいつも半睡窯《はんすいがま》という仙台の陶芸家が作ったごはん土鍋で炊きます。粒がしっかりとしたお米が炊けます。

ごはんを茶碗に入れ、茶碗を上下にゆすりながらごはんを回します。この動作でごはんを適度に冷まし、形をととのえます。日高さんのお母さんの作り方だそう。面白い！

きよじぃは終始、ニコニコ笑顔で丁寧ににぎってくれました。

おむすびは塩むすび。中には何も入れません。佃煮《つくだに》、卵焼き、海苔などを用意し、食べるときに各自が好きなように、好きなだけ食べます。これは小野さんのお母さんが作るお

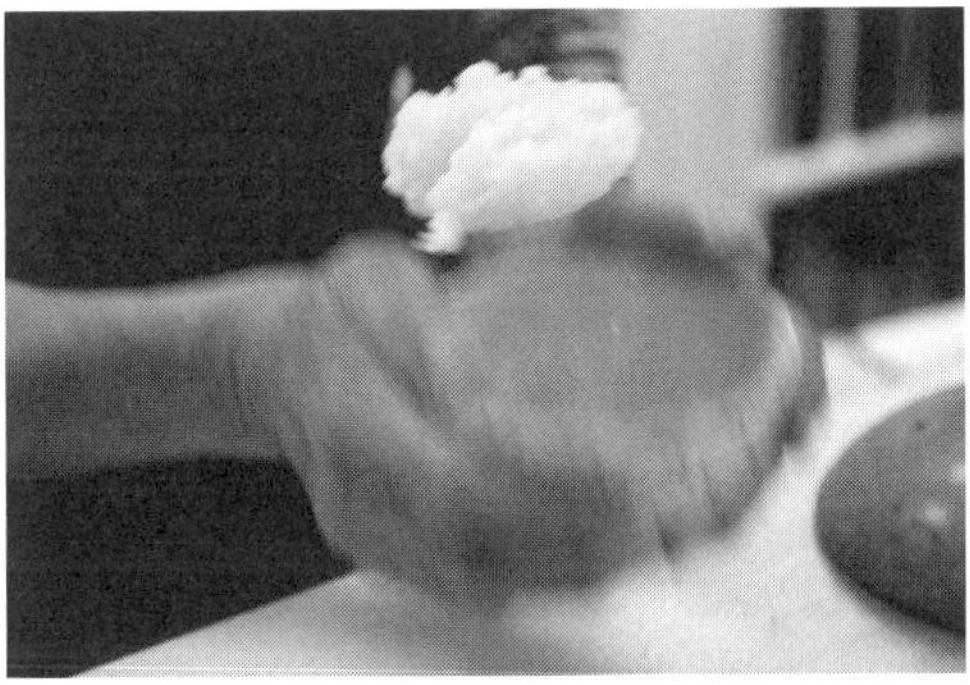

むすびの食べ方なのだそうです。好きなものを好きなだけ、というところにワクワク感がありますね。

波の音を聞きながらのおむすび弁当。弁当に必ず入れるという卵焼きは焦げ目をつけるのがきよじぃ流。最後に日高さんが「どうして海で食べる塩むすびってこんなにおいしいのかしら」とつぶやいたのが印象的でした。

そして、これこそがきよじぃのおむすびのおいしさだと思いました。塩の生まれ故郷は海。海で食べる塩むすびがおいしいのは当然のことかもしれません。潮風とおむすびの相性は抜群でした。


〈レシピ〉

用意するもの
・ごはん……人数分
・卵焼き、錦松梅、ちりめん山椒、いかなどのくぎ煮……適量

作り方
1　ごはん茶碗に炊きたてのごはんを入れ、両手で茶碗を持ち、上下にゆすりながらごはんを丸い形にする。
2　手に塩をつけ、丸くなったごはんを手にのせてにぎる。
3　卵焼きを作る。使う調味料は塩とお砂糖。焼き目をしっかりつける。
4　潮風の吹く海辺で、おむすび、くぎ煮、卵焼き、海苔を並べ、各自好きなものを好きなだけ取って食べる。

アートと暮らす　ギャラリストのおむすび

「楽しむ時間」を忘れない生活

大橋人士《ひとし》さんとボブ・トービンさんの自宅兼ギャラリーは地下鉄を降り、歩いてすぐのレジデンスにあります。玄関を入ると其処彼処《そこここ》に絵画やオブジェが飾られています。二人はこの贅沢な空間で愛犬のハナ&モモと共に暮らしています。

大橋さんは長年メイクアップアーティストとして活躍された後、ギャラリーをオープン。日本橋など数カ所を転々としたのち、ここ六本木に自宅兼ギャラリーを構えました。パートナーのボブさんは慶應義塾大学の名誉教授であり、著述家としてもご活躍中です。

そんなお二人が出会ったのは二十六年前。二〇一四年にカリフォルニアで結婚した二人は、忙しい日々の中でも「楽しむ時間」を忘れない生活を送っています。

料理は大橋さんが担当。ボブさんは料理が苦手なのでカクテル担当です。

「料理は行き当たりばったり。その場、そのときの感覚で作ります。食べることはアートやコミュニケーションと同じでとても大事。その瞬間を楽しむこと、そしておいしいと感じる心も大切ですね」と大橋さんは語ります。

「こうでなきゃだめ」を逆の発想に

インタビューの中で実に面白かったのは、彼が日常を楽しむために柔軟な発想をしていることです。ストレスがたまったら夜中でも料理する。仕事から帰ってきたらまずボブさんの作るカクテルでリセットする。家の中は好きなモノしか置かない。

そして目からうろこが落ちる思いだったのは、彼がストレスを回避するために行う思考の転換です。「こうでなきゃだめ」と思うことがストレスになるのを防ぐため、その発想を逆転させるのです。

「おむすびのサイズは全部違うのがいいと思ってしまえば、ストレスがなくて楽」「食器も全部同じものを揃えなくていいと最初から決めてしまえば気が楽でしょ」

会話には何度も「楽」という言葉が出てきます。このような術《すべ》は、彼が直感と経験を積み重ねて得たものでしょうか。本当の「楽」とは何もしないことじゃなくて、柔軟な姿勢で積極的に人生を楽しむことである、ということを彼から教わった気がします。

「地味だけどおむすびにはパワーがあります」と話す彼のおむすびをいただきながら、おむすびは難しく考えずに簡単に作れて、幸せ感のある食べ物だな、と改めて思いました。

塩味、甘み、辛み、大きい、小さい、三角、丸、すべてひっくるめておむすびは楽しく、そしておいしい。

思い出のおむすびは「化粧品の香り」

大橋さんの思い出のおむすびは、お母さんのにぎる「化粧品がほのかに香るおむすび」です。お母さんは朝起きるとまず念入りに化粧をし、その手でおむすびをにぎったそうです。東京に上京して初めて食べたコンビニのおむすびは、当然ながら化粧品の匂いはなく、「味気なくてがっかりだった！」と大橋さん。おむすびってどこまでもお母さんの味が基準なんだなぁ。

混ぜご飯をおむすびに

具材は三種。鰹節＋昆布＋生姜のみじん切

り、わかめ＋アキアミ、カブの葉炒め＋鰹節＋昆布を自家製のだし醤油で味付けしたもの。

大橋さんの作るおむすびは基本的に混ぜご飯です。「具とごはんを別々にするよりも、味が均一になっておいしい」からだそう。ごはんはいつも土鍋を使って炊きます。

「やっと最近、三角おむすびの形になってきた」と言いながら、粘土細工を作るように四方から形をととのえていくと、丸のような三角のような、かわいいおむすびのできあがり。何個も食べられるからと、おむすびは小さめです。

作る人の気持ちってやっぱり食べる側に届くのですね。彼が楽しそうにおむすびをにぎる姿を見ていたら、私もワクワクした気分になり、試食タイムは一段と楽しく、おいしいものとなりました。


味はもちろん、選びぬかれた器やギャラリーの絵画に囲まれて食べるおむすびは、ひと味もふた味も違っていました。大橋さん、ボブさん、ご馳走様でした。


〈レシピ〉

用意するもの
・ごはん……人数分
（a）鰹節＋昆布＋生姜……適量
（b）わかめとアキアミ……適量
（c）カブの葉炒め＋鰹節＋昆布……適量
・お気に入りのアート……適宜

作り方
1 （a）みじん切りの生姜と鰹節をボールに入れ、だし醤油（自家製。昆布、干し椎茸、にんにくなどを入れた醤油）と昆

布（だし醤油につけておく）を加えて混ぜる。

（b）乾燥わかめを細かく刻んで水で戻す。アキアミを加え、だし醤油を入れて混ぜる。

（c）カブの葉と茎をみじん切りにし、さっと炒めて鰹節と、昆布（だし醤油につけておく）を加える。だし醤油で味付けして火を止める。

2　炊いたごはんをボールに入れ、a～cを適量入れて混ぜる。

3　おむすびをにぎる。

4　お気に入りのアートを鑑賞しながらいただく。

暮らしアドバイザーの「包むおむすび」

「菌をいっぱい持っている女になりたい」

沼田みよりさんは、長男のアレルギーや喘《ぜん》息《そく》をきっかけに「食と心」のテーマへの関心を深め、日々の暮らしをより豊かにするための衣食住をアドバイスする「沼田塾」を主催するようになりました。古代ビーズアクセサリー作家である夫、オカベマサノリさんと、福岡県うきは市の山あいで暮らしています。

西洋医学の薬に頼るのではなく、日々の暮らしの中でからだと心が喜ぶ養生をしていく、というのがみよりさんの考え方。住む、着る、道具、食事……、暮らしの中にある「気持ちいい」を提案し、形にしています。

なかでも日々の食事をとても大切にしていて、野菜、発酵食品、安全な調味料を使い、誰もができるような調理を基本としています。

「腸内細菌がからだの調子や精神と大きく関わっているといわれています。腸内の環境を整えて、イキイキと動けるからだや、子どもたちの日々の気持ちを整えてあげたい。わたし自身、菌をいっぱい持っている女になりたい」とみよりさん。

家族や周りの人たちのからだと心の助けになるために、今この瞬間、自分は何をしてあげられるのか。どんな行動すればよいのか。みよりさんは常にそんな心持ちで動き回っています。その姿がとても美しく、凛として見えました。

「わたしのお仕事」としてのおむすび

実はみよりさんとは以前から交流がありました。会うたびに心惹かれるのは彼女の持つ感性と洞察力です。

相手が人間でも、モノや道具でも、みより

さんはその本質を見抜く力を持っています。より良い方向に共に進んでいくというスタンスで、思慮深く、丁寧に接しながら信頼関係を築いていきます。

そして、その姿勢はおむすびにも表れています。みよりさんは、展示会などで一緒に働くスタッフや、カウンセリングに訪れた親子のために、どんなに忙しくても「わたしのお仕事」としておむすびを作るそうです。

食べてくれる人の顔を思い浮かべながら、どんなときにも食べやすいようにと、ご飯がこぼれず、手も汚れず、簡単に食べられる形。メキシコの「ブリトー」に少し似ていて、作るのも食べるのも楽しい気分になります。

いつしか「みよりん巻き」と名がついたこのおむすびは、相手を想う気持ちがそのまま形に表われたもの。大人も子どももみんな包み込む優しさと温かさがあります。

具材は発酵食品が中心

具材は発酵食品を中心に冷蔵庫の中にあるもので。今回は味噌+昆布+切り干し大根、鉄火しぐれ（自家製）、ふきのとう+くるみ、じゃこ、練り梅、炒りごま。

食べてくれる人にできるだけ親しみを持ってもらえる具材を選びます。豪華な具材はあえて使いません。

ごはんは雑穀米を入れたものと、醤油麹《こうじ》+昆布を入れたご飯の二種類。羽釜やごはん土鍋で炊き上げます。

にぎらずクルッと巻いて完成

一般的なおむすびと違ってにぎらずに、手でクルッと巻くだけ。これだったら誰にでも

簡単に作れそうですね。

まな板等に海苔一枚（横長）を置き、ご飯をのせます。このとき上五センチ、下三センチ、横二センチほど、海苔の部分を残しておきます。ごはんの上に好きな具をいろいろのせて、指先で海苔の端に水をつけて、海苔巻きの要領でクルッと巻きます。手でごはんのところを押さえ、両サイドの海苔の部分を押さえてできあがり。二つに切ります。

おむすびと巻き寿司をミックスさせたような「みよりん巻き」。忙しいからこそちゃんと食べてもらいたい、という思いがこの形を作りました。

一般的なおむすびと違い、ごはんが包まれていてとても食べやすく、具が見えるので選ぶときもわかりやすい。そして何と言っても、海苔巻き状になっているので、端から端まで具が詰まっていて、最後まで具入りのおむすびが食べられるのがいいですね。

心一つの置きどころ

海苔は、市場にあまり出回っていない佐賀の海苔を仕入れているそうです。消毒を一切していません。噛めば噛むほどおいしさが出てくる海苔です。

塩が入っている「塩壷《しおつぼ》」はみよりさんが提案し、福岡の陶芸家、石原稔久《としひさ》さんと試行錯誤して製作したもので、この塩壷に塩を入れておくと自然塩がサラサラになるという代物。味もまろやかになります。塩は調味料の基本ですから、こういう塩壷はありがたいですね。

塩壷の上にあるのは塩麹。みよりさんはこの他に醤油麹も随時作っていて、料理をするときはこの二種類の麹をよく使って味付けをします。

キッチンに立って仕事をする。それはどんなに大変でも、時間がなくても、ときにはやり通さなければならない仕事です。

楽しいだけで毎日の料理はできないことのほうが多いでしょう。そんなときも嫌々ながら仕事をするのではなく、食べてくれる人のことを思い、相手が喜んでくれることを想像し、そしてそれを自分の喜びとして捉えられるかで、おいしさが違ってくるのだと、みよりさんのおむすびを食べながら思いました。

心一つの置きどころで、なんでも違ってくるのだなぁ。


〈レシピ〉

用意するもの
・ごはん……人数分
・海苔……人数分
（a）鉄火しぐれ（自家製）
（b）味噌＋昆布＋切り干し大根
（c）ふきのとう＋くるみ
（d）練り梅
（e）じゃこ、胡麻、水菜

作り方
1　海苔一枚を置き、ごはんをのせる。
2　好みの具材をのせる。
3　海苔の端に水をつけ、手前からクルッと巻く。
4　端を手で押さえてくっつける。
5　二等分にカットする。

各具材の作り方

（a）ごぼう、れんこん、人参、玉ねぎ、生姜をすりおろし、なたね油をしいて蓋をし、味がまろやかになるまでときどき返しながら蒸し焼き炒めにする（一時間くらい）。具材の四分の一の味噌を入れ、味噌がなじむまで炒める。

（b）味噌に刻み昆布、切り干し大根、だしの素（いりこ粉末、かつお節、昆布粉）を入れてしばらく置く。湯を注げば味噌汁にも。

（c）ふきのとうを油で炒めて、昆布茶、くるみを加える。

（d）梅に醤油麹（または醤油、みりん、だし）を加えて、練り梅にする。

（e）塩ぬきじゃこを炒めて煮山椒を入れる。

ステンドグラス作家の「鶏めし&胡麻和えおむすび」

「自分の中から出てくるものだけを大切にする」

カヨ・パティスンさんは、イギリス人の夫・スティーブンさんと、息子さん二人の四人家族。ステンドグラスを勉強するために十八歳で渡英し、ウェールズの大学で建築ステンドグラス科を専攻しました。イギリス在住の頃にスティーブンさんと出会い、結婚。現在はカヨさんが生まれ育った大分県豊後高田《ぶんごたかだ》市で暮らしながら、ステンドグラス作家として活動をしています。

カヨさんがステンドグラス作家として大切にしていることは、「自分の中から出てくるものだけを大切にする」ということ。アイデアが出てくるまで、何日でも待つと言います。

「自分としっかり繋がっていないとアイデアは生まれてこない」とカヨさん。それには自分に正直になることが大切で、ときには醜い自分と向き合い、受け入れてやっと納得のいくアイデアやデザインが出てくるそうです。

生活の中にある海の色や形、自然、音楽、本、食……。それらをいつでもキャッチできるようにアンテナを張っています。

五感を凝縮して生み出されたカヨさんのステンドグラスは自由で明るく、どこかケルトの紋様にも似ています。海辺で拾ったガラスの欠片をはめ込んでいる作品があったり、海の光や空の色が写し出されていたりと、開放的なフォルムです。

カヨさんにとってステンドグラスは心を投影させ、自分の内面を表現する「手段」なのでしょう。

おむすびは手料理である

カヨさんの話で印象深かったのは、ある近所の養蜂家のおじさんの話。

彼のところには学校帰りの子どもたちがよく遊びにきて、おじさんはいつも、子どもたちにおむすびや簡単なおやつを作ってあげるそうです。ある日、誕生日に何がほしいかと尋ねたところ、ある男の子が「プレゼントよりお母さんの手料理が食べたい」と答えたのだとか。

この話には、さすがに胸が痛みました。お母さんが子どもに手料理を作ってあげられないという現状は、都会の子どもたちだけではなく、のんびりしているように見える田舎でも起こっている。深刻な状況だと思いました。

大人はきっとおむすびのことを「たいしたものじゃない」と思っているのでしょう。けれど子どもにとって、お母さんのおむすびはかけがえのない手料理であり、大切な宝物なのだと思います。

ごはんと塩さえあれば作れて、手間もかからない「おむすび」が、子どもの宝物になる。日本の伝統食、おむすびは家庭のあたたかさを取り戻す薬になり得るのです。小粒だけど力のあるおむすび。今回もおむすびの「役割」というものを考えさせられました。

大分の郷土料理「鶏めし」をおむすびに

そしてカヨさんの家のキッチンの広いこと！　まるで外国にいるようです。家をリフォームするときにアイランド型になりました。使いやすく、動きやすい。

羽釜でご飯を炊き、フライパンで「鶏肉とごぼうの甘辛煮」を作ります。

この甘辛煮を羽釜に入れて混ぜると大分名物「鶏めし」が完成。私は普段、肉、魚は食べませんが、とてもおいしくいただけました。鶏とごぼうって合いますね。

酒屋を経営して忙しかったカヨさんのお母さんがいつも作ってくれたのが、この鶏めしや梅干しのおむすび。

ふんわりとにぎるカヨさんの顔つきが「お母さん」でした。

すり鉢で作る胡麻和えを具材に

胡麻和えが残ると、よくおむすびにするそうです。味は濃いめ。混ぜご飯にしてにぎります。胡麻和えは丁寧にすり鉢で胡麻をすって、ほうれん草と和えます。このひと手間でおむすびが一層おいしくなります。

福岡で寮生活をしている息子さんたちにとって、おむすびは特別な食べ物。週末、家に帰っておむすびがあると大喜びで食べるそうです。大人になったときに、お母さんのおむすびの思い出は心の肥料となって彼らを支えるのでしょう。

小さな手間を惜しまない心づかいが、子どもの心身の成長を助けてくれるのだと思います。

〈レシピ〉

用意するもの

・ごはん……人数分

(a) 鶏めしおむすび

・鶏肉（もも肉）……一五〇グラム

・ごぼう（ささがき）……一五〇グラム

・おろしにんにく……二〜三片

・醤油……大さじ三と三分の一

・日本酒……大さじ二
・みりん……大さじ一
・砂糖……二〇グラム
（b）ほうれん草の胡麻和えおむすび
・いり胡麻……大さじ三
・醤油……大さじ三
・みりん……大さじ一
・日本酒……大さじ一
・ほうれん草……半袋

作り方

（a）鶏肉とごぼうを油で炒める。ほかの材料をすべて入れ、汁気がなくなるまで煮る。炊いたごはんと混ぜておむすびを作る。

（b）胡麻和えを作る。すり鉢に胡麻を入れてすり、調味料を入れる。ほうれん草をゆで、ぎゅっと絞ってカットし、すり鉢に入れて和える（調味料はごはんに和えるので少し多め）。ごはんと胡麻和えを混ぜておむすびを作る。

蕎麦屋さん夫婦のおむすび

「なりゆき」的な生き方

蕎麦屋「とりい」は長野県安曇野《あずみの》にある穂高神社の脇にあります。白壁と木造りの清楚なお店の引き戸を開けるとジャズがかかっていて、思い描いていた蕎麦屋とは違う、シックな雰囲気。店主である中村健太さんと、奥様のマキアヤコさんが笑顔で出迎えてくれました。

お話を聞くなかで面白かったのは、二人の「なりゆき」的な生き方です。

中村さんは道楽で蕎麦打ちを楽しんでいましたが、たまたま見つけたこの物件を借りたあとに蕎麦屋をやろうと決めました。

マキさんも何気なく始めた焼き菓子作りがきっかけで、今では自分のブランド菓子としてお店に置くようになりました。ともに目標があって進んでいったわけではなく、流れに任せてたどり着いたのがこのお店でした。

以前は畑を借りて野菜を育て、自給自足的な生活をしたこともありましたが、それは食べていくために必要だったからで、思想を持って始めたわけではありません。「無一文でしかたなく」と笑いながら話す中村さん。

はじめから「これをやりたい」と道を決めるのではなく、限られた環境や条件のなかで、いかに気もちよく暮らしていくか。それが結果的に「なりゆき」的な生き方につながったのでしょう。

頭でっかちにならず、理由づけもしない。ただ目の前のことを一生懸命やる。そんな彼らの生き方はどこか軽やかで、伸び伸びとしているように思えました。

ぎゅっとではなくて、ふんわりと

中学生のときにお母さんを亡くしたマキさんは、その頃からもうおむすびをにぎっていました。

「おむすびは共にあるもの。とにかくおむすびが大好き！」と話すマキさん。おむすびはお母さんの思い出の味だから、おむすびをにぎるときはぎゅっとではなくて、ふんわりとにぎりたいと語ります。

それに対して中村さんは、ごはん茶碗でご飯を食べたい派。昔はおむすびが好きではありませんでした。マキさんと出会い、いつもマキさんが作ってくれるおむすびを食べているうちに、いつしかおむすびが好きになりました。

おむすびに対する気持ちがまったく違う二人が、風に吹かれるように、川の流れに身を任せるように生活を共にし、おむすびを食べ、仕事をする。おむすびのように尖っても、丸くても、どんなふうでもいいのです。決められた道を行くのではなく、柔軟に、臨機応変に進んでいく。こういう生き方もいいなぁと清々しい気もちになりました。

若い二人がこれからどんな「なりゆき」と出会い、人生を歩んでいくか、とても楽しみです。

土鍋で炊いたごはんを梅むすびに

ごはんは「あまぐり君」という名が付いている土鍋で炊きます。メーカーによると化学物質などを入れない安全性の高い、超耐熱の土鍋だそうです。

中村さんはごはん茶碗に入ったふかふかごはんが好き。だからおむすびもそんなふうに

食べたいと、にぎるのは四回と決めています。自家製梅干しをちぎってごはんに混ぜておむすびに。

マキさんは、おむすびをにぎりながら、お父さんのおむすびの話をしてくれました。

お父さんがにぎってくれていたおむすびは、米一合もあるかと思うほど大きく、平たく、丸いおむすび。白いご飯が見えなくなるまで海苔を貼りつけ、新聞に入っている広告紙で包んでいたそうです。昔は身近にあるものを何でも利用していましたよね。たしか私の母はお弁当を新聞紙で包んでいました。

マキさんのおむすびのにぎり方は面白い。ごはんをおおざっぱに丸く形をととのえたら、一方の手の甲でおむすびを押しながらにぎります。指ではなく手の甲で形をととのえるのです。このにぎり方は意外と難しくて、私も真似してみたらうまくできなかった……。

おむすびは休日のお供

外出するときに持っていく定番おむすびの具材は、梅＋胡麻、きゃらぶき、味噌などを、その日の気分でなりゆきで。近くの温泉や山登りなど、休みになると二人で好きなところに出かけておむすびを食べます。

二人で山登りに行くと、自家製味噌を入れたおむすびに湯をかけて「お茶漬け」にして食べることも。素敵なアイディアです。

「行き当たりばったりなんです」と言いながら、二人はとても幸せそう。余計な力を入れずに生きる姿勢が、二人のおむすびにも表れています。

「とりい」の蕎麦と玄米おむすび

蕎麦はコシがしっかりあって香りもよく、あとを引くおいしさ。玄米いなりはマキさん作。食べると油揚げの甘辛い汁がジュワッと出てきます。圧力鍋で炊いた玄米がやわらかく、絶品です。

気張らずに生きるってこんな感じなんだろうなぁと、しみじみ思いました。

それは努力をしないということではなく、一生懸命に生きながら、変な力を出さないということ。すーっと生きる。清々と生きる。物事に引っかからずに生きる。彼らのそんな気持ちのよい生き方を垣間見ることができ、こちらも晴れ晴れとした気持ちになりました。

〈レシピ〉

用意するもの

・きゃらぶきの甘辛煮……適量
・自家製味噌……適量
・自家製梅干し……適量
・胡麻……適量
・ごはん……適量

作り方

1　炊いたごはんをボールに入れ、ちぎった梅干しと白胡麻を混ぜ、おむすびをにぎる。

2　ごはんを手に取り、中央にきゃらぶきの甘辛煮を入れ、おむすびをにぎる。

3　ごはんを手に取り、中央に自家製味噌を多めに入れ、おむすびをにぎる。

和花屋さんの「季節の草花おむすび」

草花の素の美しさを活ける

和花屋《わばな》「みたて」は京都市北区にあります。店主である西山隼人さん、美華さんはこの場所で山野草と和花を扱う花屋を営んでいます。八十年前の町家をリノベーションした住居兼店舗は、しっとりとした静の空間に満ちた、美しいたたずまいです。無駄なものがなく、選ばれた道具たちが適所に置かれ、家全体がまるでギャラリーのよう。町家と和花がこの上なく美しく調和していました。

美華さんは、小さい頃からあこがれていた花屋で働いていたときに、隼人さんと出会って職場結婚。その後、夫婦で花屋をオープンしました。結婚する前の職場では洋花を扱っていましたが、自分たちの店「みたて」は、和花の店にすると最初から決めていました。「和花は、自然の中で育つ草花です。四季折々、風や太陽の当たり具合によって、色や枝ぶりの形が変化します。ハウス栽培が主流で季節感を感じにくく、茎もまっすぐのものが多い洋花にはない面白さが、和花にはあるように思います。草花の素の美しさを活けることに、喜びを感じるようになりました」と美華さんは語ります。

「みたて」の作品づくりでは、和菓子からインスピレーションを受けることも多いそうです。四季折々の和菓子の感性を仕事に生かしていく。日本ならではの美の視点です。暮らしの中に隠れているそこかしこのヒントをいかに見つけるか。日々の生活は宝探しみたいですね。

保育園に通う万作君（三歳）にお弁当を持たせるときは、季節の葉っぱと一緒に小さな手紙を忍ばせます。

おむすびは「安心」

西山家の暮らしには、いつも細やかな心と季節感を感じることができます。美華さんにとって、仕事も食も自分の想いを表現する「手段」であり、おむすびはその象徴でもあるのでしょうか。

そんな美華さんに「おむすびとは何ですか？」と尋ねたら「安心」という答えが返ってきました。

親から子へ伝えるもの。それは子どもが生活の中で、いつも親から何気なく受け取っているものだと思います。親が想いを込めてにぎるおむすび。安心して前に進みなさい、という親の愛情表現は、子どもにとって大きな励みとなり、心の安定につながります。

おむすびは子どもにとって心の栄養剤みたいなものかしら。親から子へ受け継いでいく大切なメッセージがおむすびの中に詰まっているのですね。

仕事で季節の移り変わりをいつも感じているお二人。春は花、夏は真緑、秋は実もの、冬は枯れた木々の美しさ。それぞれの季節を活けることで学ぶことが多いと言います。草花の水上げには薬を使わず、醤油、酒、塩、酢、唐辛子など、台所にある調味料を使っています。

丸みをおびた「なで肩」の三角おむすび

まず、今では珍しくなった削り節器でおかかを作ります。懐かしいなぁ。私の母も軽快なリズムでよく削っていましたっけ。「母の音」として今も耳に残っています。丁寧に作る食事は必ず人に伝わりますね。

美華さんのおむすびの元になっているのは

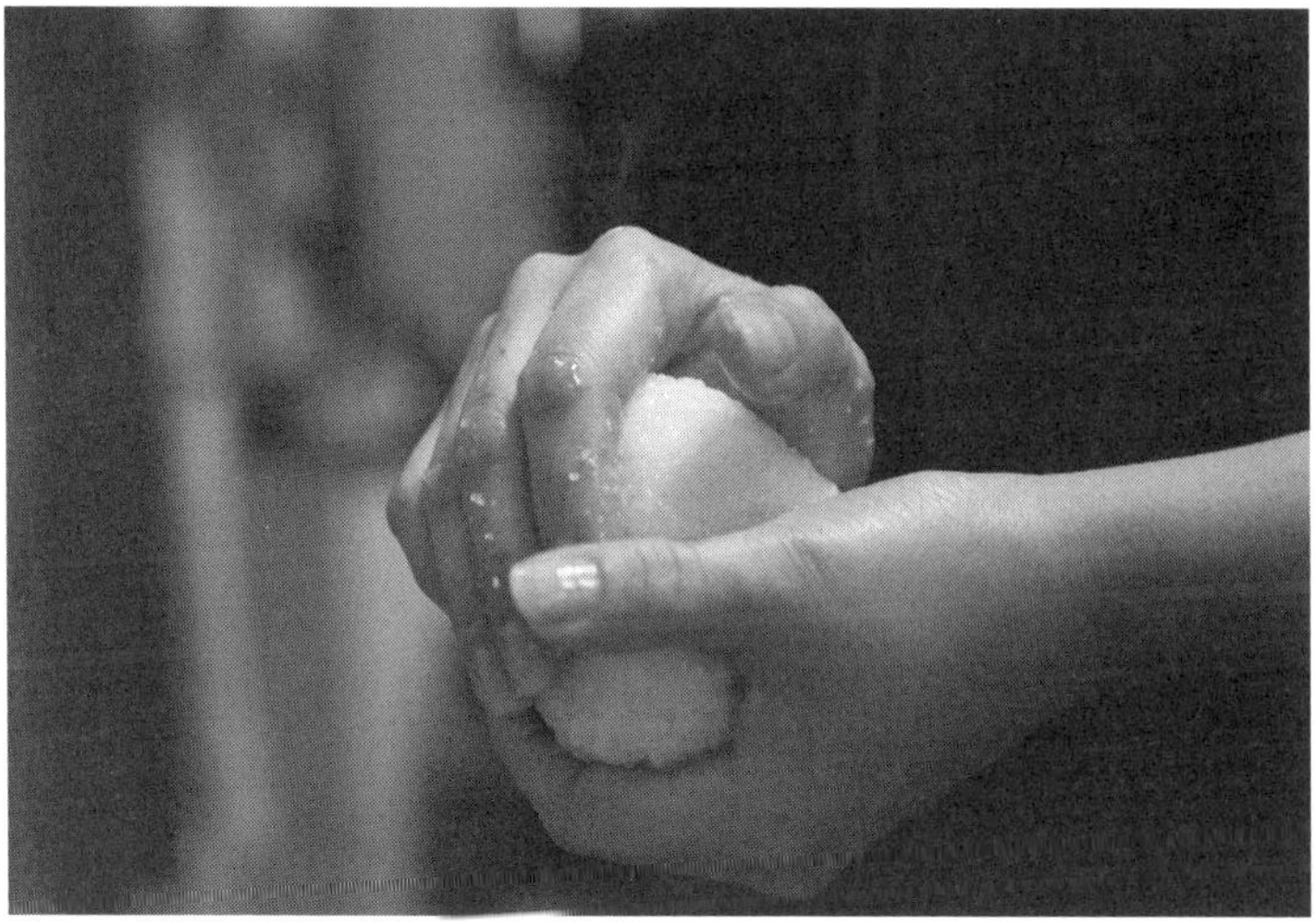

広島の「おにぎり屋・むさし」の山賊《さんぞく》おむすび。大きなおむすびの中に、梅干し、昆布、鮭が入っているのだそうです。美華さんはそこまで大きくにぎれないので、具材は鮭とおかかの二種類を入れてにぎります。

おむすびは海苔半切サイズに合わせて少し大きめ。丸みをおびた「なで肩」の三角おむすびがやさしい形です。上質な海苔の、香《かぐわ》しさが漂ってきます。万作君用には、小さめのおむすびに、小さく切った海苔を巻いて。

すべての道具が良き相棒

西山家ではピクニックに行くとき、おむすびを竹皮で包んで持って行きます。そしていつも季節の葉っぱをおむすびに添えます。

竹皮のおむすび弁当というだけでワクワクしてきますね。ちなみにこの竹皮は仕事で花束を包むときにも使うのだそうです。

美しい台所は美華さんの聖域。無駄なものがなく、すべての道具が美華さんの良き相棒です。「おいしい」を作る道具たちが凛としていて、嬉しそう。

万作君は和花にかこまれ、上質な暮らしの中ですくすくと育っていくのでしょうね。仕事、食、暮らしが円を描くように結びついている西山家の生き方、考え方にとても感銘を覚えました。

自然に、そして線引きすることなくすべてが調和して流れていく日々の暮らし。草花や食で季節感を感じ取り、それに逆らわずに生活していく。仕事道具、食の道具、暮らし道具を宝物として丁寧に使っていく。身の回りのすべてのものが「生き方」を表しているのだなぁと、改めて感じました。

＊海苔（半切）のサイズに合わせておむすびの大きさを決める。ごはんの白が見えなくなるくらいがベスト。

〈レシピ〉
用意するもの
・ごはん……適量
・海苔（半切）……適量
・削り器で削った削り節……適量
・白だし醬油……少々
・鮭……適量

作り方
1　鮭は網で焼いてほぐしておく。削り節に白だし醬油をかけておく。
2　ごはんを手に取り、中央に窪みを作って1の鮭と削り節を入れる。
3　ふんわりとにぎって三角おむすびを作る。
4　海苔を巻く。

禅僧のおむすび

「いかに大変な中で愉しさを見出すか」

羽賀浩規《ひろき》さんは、岐阜県山県市にある臨済宗妙心寺派「蓮華寺《れんげじ》」の住職。京都・妙心寺の「花園禅塾」の塾頭も兼任されています。

ここで寮生活をしている花園大学の学生（禅僧の卵さんたち）三十五名の指導員として、そして「蓮華寺」の住職として、京都と岐阜を行き来する生活を六年続けています。

取材は京都・花園禅塾で行われました。禅塾内は静寂かつ凛とした空気で、心が鎮まる荘厳さがあります。無駄なものがひとつもなく、人の動きにもそつがありません。自然に背筋が伸びます。

「毎日大変です。（学生は）生ものですからね。しかし、だからこそ愉しいのです。いかに大変な中で愉しさを見出すか。人生は先の通らないことばかりです。だったらあれこれ不平不満を言わずに『はい』と答えて全力を尽くす。そのほうが楽です。受け入れるまでは苦しみますが、薫習《くんじゅう》（みずからの行為が、心に習慣となって残ること）の中で、それが少しずつ染みこんでいきます」

そう羽賀さんは語ります。

人間はどうしても我を優先します。その我と闘い、そして捨てて「はい」を言えるようになるには長年の努力と内面を観る目が必要です。自分を投げ入れてしまわないと出てこない境地と、羽賀さんはさらりとおっしゃいます。

禅は頭で考えるのではなく、心身一体で瞬時に受け入れる訓練法だと思いました。

復興支援でにぎったおむすび

羽賀さんは子ども時代、修業時代、そして

今も外出をするときにはおむすびを作って持っていくそうです。しかし本当の意味でおむすびが密接に繋がったのは3・11の大震災のときでした。

震災のあと、岩手県大槌《おおづち》町を拠点にボランティアとして、塾生たちと何度も復興のお手伝いをしに行きました。

宿と食事を自分たちで確保できることがボランティアの条件で、普段から質素な生活をしている彼らには好都合でした。五升炊きの釜と持鉢《じはつ》（禅宗の修行僧が使用する個人の食器で、宗派により応量器とも言う）を持って行き、朝はお米五升を炊いて持鉢で食べ、すぐにまた五升のごはんを炊いておむすびを作り、お昼にそれを食べながら復興の手伝いをしました。

この復興支援をきっかけに、羽賀さんの中で「おむすび」が深い意味のあるものに変わっていきました。

「おむすびは不思議な食べ物です。簡単に手で作れてコンパクト。おかずがなくてもおいしく食べられる」と羽賀さん。

たしかにおむすびはほかの料理と違って場所を選ばず、どんなときも気軽に食べられる日本の優れたファストフードです。そして羽賀さんはこう付け加えます。

「おむすびは『にぎり加減』が難しい」

おむすびとお坊さん。一見、結びつかないもの同士ですが、おむすびは持鉢のようにコンパクトで場所を選ばず、どこにでも持って行ける便利な食糧です。シンプルで自分をそぎ落としていく禅僧の生き方にそっくりだと思いました。

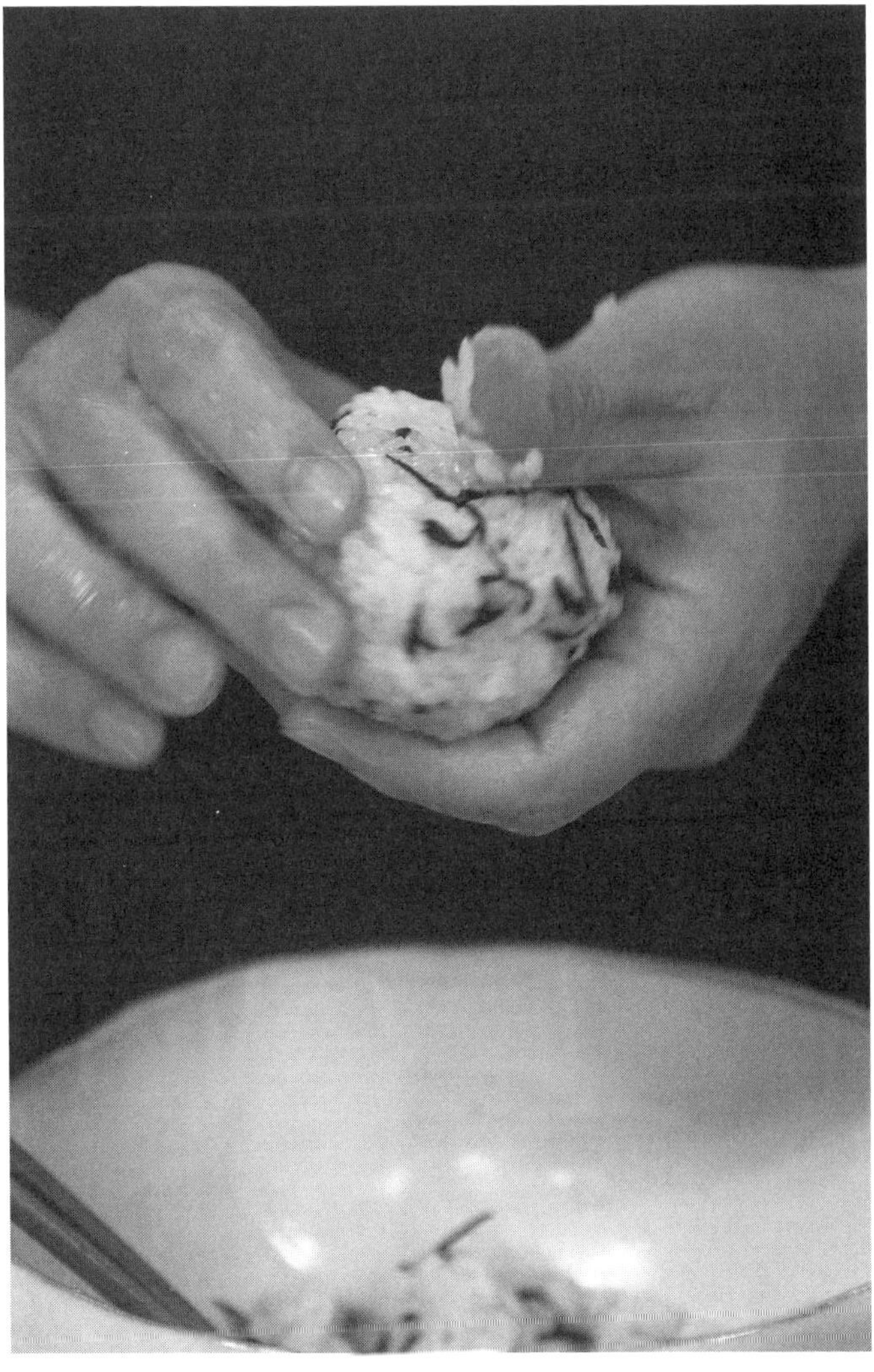

おむすびをおいしくする「呼吸」と「リズム」

羽賀さんは毎日、お昼用のごはんを釜で炊いています。

毎年一回、学生たちと一緒に火伏せの神様をお祀《まつ》りしている京都・愛宕山《あたごやま》に登っていますが、そのときもおむすびを作って持って行きます。

おむすびにはいつも、「ひじき志ぐれ」と「梅ちりめん」、二種類の具を入れます。手間をかけずにさっとごはんに混ぜておむすびを作るにはとても便利な食品ですね。

おむすびに巻く海苔は、子どもの頃からずっと「味付け海苔」でした。だからおむすびに塩はつけません。八枚切りを三方向からくるりと巻きます。はじめて焼き海苔を食べたときは味がなくてがっかりしたそうです。

三枚の海苔を巻いたらおむすびを重ねて海苔を落ち着かせます。

羽賀さんが子どもの頃から食べていた沢庵《たくあん》は茄子の葉っぱを入れて漬け込んだもの。独特の香りが沢庵に付きますが、それが羽賀さんのお気に入りです。

禅食は沢庵で持鉢をきれいにします。沢庵に大切な役割があるのです。そのため禅塾でも毎年、たくさんの沢庵を漬けています。

おむすびも「呼吸とリズム」

禅僧の修行では「呼吸とリズム」を合わせなければいけないのだそうです。

禅には正解というものは存在せず、自分で見つけていく行為ひとつひとつに意味があるのだと、お話を聞きながら思いました。おむすびも同じではないかしら。呼吸とリズム。

おいしくするのは自分であり、その方法は自分で見つけなければならないのです。おいしくするにはまず、気持ち良くにぎる自分の心を持つことが大切です。

「人生は回り道していい。いらないものや役に立たないものは何もないし、経験は邪魔になりません」と語る羽賀さんの言葉が心に沁みます。

最後に羽賀さんのお気に入りの禅語を記します。

「刻苦《こっく》光明《こうみょう》必《かなら》ず盛大《せいだい》なり」

自分を形作るのは自分である。様々な苦しいことや大変なことに耐え抜き、自らを光り輝かせ、周囲を照らそう。

〈レシピ〉

用意するもの

・ひじき志ぐれ……適量
・梅ちりめん……適量
・ごはん……適量
・味付け海苔……適量（八枚切り三枚／おむすび一個）
・禅の心得……積んだ修行、一杯分

作り方

1　炊いたごはんにひじき志ぐれ、または梅ちりめんを入れて混ぜる。

2　我を捨て、そこに身を投じて、にぎる。

佃煮屋のおむすび

食は「おいしい、楽しい」が原点

佃煮屋「津乃吉《つのきち》」は京都市東山区にあります。お店ののれんをくぐると、ちりめん山椒、昆布の佃煮、みその加工品、煮豆など、ホカホカごはんに合いそうな商品がずらりと並んでいます。どれもおむすびにも合いそう……。

百三十年のあいだ米屋だったという津乃吉ですが、吉田和親《かずちか》さんがごはんに合うおかずを作りたいと、佃煮屋を始めました。息子さんの大輔さんが小学生のときです。今では親子二代で商品開発、製造、販売をしながらお店を守っています。

津乃吉の商品はすべて無添加です。時代の流れでそうなったわけではなく、無添加にしたほうがおいしかったから、という理由から。昔、お父さんは作った佃煮をまず子どもたちに食べさせて、「おいしい」と言ってくれたら商品化したそうです。なるほど、家族は嘘をつかないし、遠慮なく何でも言い合えて、信頼できる「お客様」ですね。

「この店を継いでから食に対する意識が変わりました。津乃吉＝僕なんです。佃煮はからだに入れるものだから良いものを使いたいし、お客様にも良いものを知ってほしいし、調味料もできるだけホンモノを使ってもらいたい。でも食は『おいしい、楽しい』が原点。そうじゃないと意味がないと思います」と大輔さんは語ります。

津乃吉は大輔さんにとって表現する場であり、作品でもあるわけで、モノづくりに携わる人間としての嬉々とした誇りが、彼の言葉からひしひしと伝わりました。

「コツは何もない」

吉田家では大輔さんのお母さんがおむすびをにぎります。

おむすびを作るときのコツは？　と聞いてみたところ「コツは何にもない。適当にね（笑）。具が出てこんようにするだけ。でも硬くにぎるのはダメやねぇ」とお母さん。どうにぎったらおいしくなるかは、お母さんの手が覚えているのでしょう。慣れた手つきでチャッチャとにぎります。

思うに、おむすびは「何でもなくなる。空気みたいになる」ところまでいけば自然においしくなるのではないかしら。考えたり、悩んだりするようでは、まだまだ。手やからだが勝手に動いてくれるようになれば、味も自然にととのってくるのでしょう。

おむすびは「津乃吉の商品を一番よく伝えられる食べ物」なんだそうです。吉田家にとっておむすびは力強い応援団です。

ガス釜で炊くこだわりのごはん

昔はかまどがあって、藁《わら》でごはんを炊いていたそうです。かまどがなくなってからも、ずっとガスの炊飯器。電気よりもおいしく炊けるそうで、元米屋のこだわりです。

津乃吉の商品である佃煮が、おむすびの具に。ちりめん山椒、昆布の佃煮、かつお味噌、山蕗の佃煮。近年、山に入る人が少なくなってきて、今では山蕗は貴重な食材です。ちりめん山椒は混ぜごはんにしてからおむすびにします。

津乃吉の商品はすべて手作り。だから一日に作れる量は一〇〇〜五〇〇袋（瓶）／一商品です。おいしい、を追求するには当然なが

ら時間と手間がかかりますね。

お母さんの手がしなやかに動いて、ふんわりとしたおむすびができあがり！　長年おむすびをにぎってきた人の慣れた手つきに惚れ惚れ。

大輔さんの娘さん、めいちゃんもこの日はおむすび作りのお手伝い。小さい頃の大輔さんがそうだったように、めいちゃんも津乃吉の味の評論家になるのかもしれません。

親子三代がおむすびをにぎって食卓を囲む光景を見ながら、久しぶりに自分の子どもの頃の「家族の団らん」を思い出しました。昭和の時代ってこんな空気感がありました。

おいしいね、楽しいね、は食の原点。「どんな食物を摂取すれば健康になれるか」はたしかに大事かもしれません。でもそこには大切な何かが足りない。

「心を満たす食卓」。

今こそ、このことをもっと真剣に考えたいと思います。


〈レシピ〉

用意するもの
・ガス炊飯器で炊いたごはん……適量
・塩……少々
・津乃吉の佃煮（ちりめん山椒、昆布、かつお味噌、山蕗の煮物など）……適量
・味付け海苔……おむすびの個数分
・家族……親子三代全員

作り方
1　炊きあがったごはんを飯台に移す。
2　塩をつけた手でごはんを取り、軽く形にしてから窪みを作り、佃煮を入れる。

3　チャッチャとおむすびをにぎる。「ぎゅっとしたらあかんで。軽くな」（ｂｙお母さん）

4　ちりめん山椒はごはんと混ぜてからにぎる。

5　味付け海苔を付ける。親子三代、みんなで一緒におむすびをほおばる。

映像と食プロデューサーの「リセットおむすび」

「刺激的な人たちが集まる〝場〟を作りたい」

今回は京都の映像制作会社「CHANCE MAKER」の代表、岡田真紀さんを訪ねました。オフィスの一階は彼が経営するコーヒースタンド「WANDERERS STAND」。二階は映像を観るための広いスタジオスペースなっていて、奥にはキッチンがあります。「刺激的な人たちが集まる〝場〟を作りたい」というのが岡田さんの思い。いろいろなジャンルの人が集まり、食事をし、意見交換をしながらおもしろいコトやモノを創作していく、というのが彼の会社のコンセプトです。

岡田さんが小さい頃、共働きで忙しかった両親が、彼と弟さんをいつも預けたのは能登半島に住む祖父母の家でした。

夏休みはずっとそこに滞在し、祖父母から野菜の育て方や見分け方、魚のさばき方、お米の作り方、梅干しの作り方、五右衛門風呂の焚き方など、自給自足的なあらゆることを学びました。

小学低学年のときには自分たちで能登の海水で塩を作り、ごはんを炊いておむすびを作ったこともあるのだとか。

スタッフのまかないにもおむすびを

小学生のときから料理をしていたという岡田さん。イギリス留学中、日本食が食べられなかったとき、日本人の友人の家に行くと真っ先にごはんを炊き、塩むすびを作り、食べながら何度も涙したそうです。

そのぐらいおむすび好きの岡田さんは、今でも時々、休日の朝にごはんを炊き、おむすびを作ります。

スタッフのまかないを作るときも、自らお

むすびをにぎります。にぎるときは大きくしたり、小さくしたり、スタッフに合わせたおむすびです。「今日はがんばったな」「次はもっとちゃんとやれよ」「お疲れさま」など、一人ひとりにメッセージを込めます。

前職場では、スタッフが買ってくるお弁当を覗いては「クリエイティブな仕事をしている人間がこんなもの食ってちゃダメだ」と一喝することも。若い人たちが彼についていく所以は、こんな彼の「親心」にあるのでしょう。

「良い仕事をするには、自分のからだを作ってくれる、口に入るものに気を使わないといけない。人を育てるには食事が大事」という信念と実践を続けていくリーダーが、とても頼もしく見えました。

「おむすびを食べるとリセットされる」

岡田さんにとっておむすびとは？　という質問に「自分の時間に戻るためのスイッチです。おむすびを食べるとリセットされるんですよね」と答えてくれました。

「食」でリセットできるのであれば、食事の選択はとても大事になってきますね。自分にとってリセットできる食事はなんだろう……。心を鎮め、同時に明るくしてくれる食事。それが何であれ、大切な「記憶」を含む食事なのだと思います。

人のためにむすぶ〝まかないおむすび〟

インタビューのときはリーダーとしての鋭い目をしていたのに、おむすびをにぎり始めたら無邪気な少年のようになった岡田さん。

キッチンにつながるスタジオスペースで

は、これまで様々なイベントを開催しました。自社で制作したモンゴルのドキュメンタリー映像の上映とモンゴル料理を食べる会、モロッコ雑貨展示とモロッコ料理の会、中国の屋台と酒の会など、人＋料理＋モノを繋げるたのしい企画ばかり。キッチンはいつも賑やかです。

自分の時間に戻るために、おむすびをにぎる。そしてスタッフがちゃんと育っていけるように、彼らのリセットのためにも、おむすびをにぎる。〝親分〟はいつも人のためにおむすびを作ります。

おむすびに入れる食材は「ゆかり」が定番。今回は彼が育った能登半島の見慣れない海藻加工品たちも加わりました。わかめは手でちぎって混ぜごはんやおむすびに。また、昆布をぎゅっと濃縮させたような「玉藻《たまも》」はおむすびの具として使います。

食材などにはこだわらず、ちゃっちゃと

まかないはスピーディーに作れて、みんなが仕事の合間にさっと食べられるように、あまり食材などにこだわらず、ちゃっちゃと作ります。

岡田さんのおむすびは少し小さめ。コロリと丸くて、かわいらしい。おむすびの「心地良いサイズ」は当たり前だけど、みんな違う。

この取材で岡田さんの、会社を統轄するリーダーとしての、スタッフ（仲間）に対する愛情と親心を、食を通して垣間見ることができました。父性本能というのは、こういう形なのでしょうか。若く、まだ経験の浅い部下たちを、おむすびでねぎらい、叱咤激励し、切磋琢磨しながら彼らと共存していこう

とする岡田さんに、深く感銘を受けました。
　彼が育てた若い人たちが、いろいろな形で活躍されることを願います。

〈レシピ〉

用意するもの

・ごはん……人数分
・ゆかり……適量
・能登のわかめ……適量
・能登の玉藻……適量
・叱咤激励の気持ち……適宜

作り方

1　ボウルに炊いたごはんを入れ、ゆかりを混ぜる。
2　もう一つのボウルには能登のわかめをちぎりながら入れる。
3　心地良いサイズでおむすびをにぎる。わかめのおむすびの中には玉藻を数個入れてにぎる。にぎるときは食べる人への叱咤激励を忘れずに入れる。

古本屋さんの「本とおむすび」

いい意味で社長らしさがない社長

長野県上田市にあるバリューブックスは、古本の買取・販売の事業を展開する会社です。インターネットでの販売ができない本を、必要としているところに無償で届ける「ブックギフト・プロジェクト」や、読み終えた本を寄付してもらい、その本の査定額をNPOや大学に贈る「チャリボン」といった社会貢献活動にも取り組んでいます。今回はこの会社が運営する「nabo books & café」でお話を伺いました。

バリューブックスの代表である中村大樹さんのことを知ったのは、nabo books & café で「おむすび通信」というイベントを何度か開催させていただいたことがきっかけでした。参加者におむすびをにぎっていただく会ですが、そこに中村さんが参加してくださったのです。最初は、参加者と楽しそうにしている中村さんがバリューブックスの代表取締役とは思わず、あとになって知ってびっくり。若くて親しみやすく、いい意味で社長らしさがない。そんな意外性のあるところにとても興味を持ちました。

切羽詰まった現状から救った一冊の本

会社設立から十年。バリューブックスは今では四百人のスタッフを抱える企業として成長しましたが、その第一歩は彼自身の挫折が背景にありました。大学を卒業してこれから就職活動というとき、中村さんはふと想像しました。会社の同僚たちと酒を飲み、上司にカラオケを歌わされている自分を。

「あり得ない」。強い抵抗を覚えました。

「現実問題どうしよう、というところから始まりました。社会に適応できない劣等感と、先の見えない絶望感がありました」

切羽詰まった現状から彼を救ったのは、一冊の本でした。自分が使っていた大学の教科書がアマゾンのマーケットプレイスで売れたのです。「最初に本が売れたときの喜びと楽しさは忘れられません。それが今もモチベーションになっています。あのときは自分が初めて社会に認知されたように感じました」

しばらく個人事業主として古本販売をしたのち、高校の同級生四人と共にバリューブックスを立ち上げました。

理念ありきで会社を設立した訳でもなく、優秀な人材を集めた訳でもない。自分たちにできることで何かやってやろうと作った会社でした。売り上げを伸ばすための効率を重視しすぎると本や人と丁寧に関われなくなる。だからと言ってスタッフ全員の思いを尊重し、社会に良い影響を与える事業にしようとすると会社の成長がときに抑制されてしまう。ふたつの両立は困難で、いつも中村さんを悩ませます。

「ビジネスをしていたら矛盾はどうしても出てきます。でも、なるべく矛盾のないようにしたいのです」と中村さん。そんな彼の実直さが、バリューブックスを支えているのでしょう。

nabo books & café は、古い民家をリノベーションして建てられています。店内にはセレクトされた本が一階、二階に整然と並び、まるで図書館のよう。椅子に座って試読しながら、ゆっくりとコーヒーを飲むことができます。

おむすびをにぎるのは初心者

実は中村さんがおむすびをにぎるのは今回が三回目。最初の二回は私のおむすびイベントに参加したときなので、〝おむすび初心者〞です。

そんな中村さんに、はじめてにぎったときの感想を聞いてみたところ「熱かった」と、じつにまっすぐな答えが返ってきました。

この答えには思わず一笑。思いがけない初々しい答えに、中村さんって、いばらの道でも純一無雑で前に進めるタイプかしら、なんて思ったのでした。

結局その人の歩んできた道や人間性が「おむすび」という形で表れるのであって、にぎり方のうまい下手は関係ないのだと、いつも気づかされます。中村さんのおむすびはふんわりとやさしく、口に運ぶとほろほろっと崩れて、じつに良い加減のおむすびでした。

幼少期、何かのイベントで食べた「シャケ入り海苔巻き」がとてもおいしくて、帰宅してすぐお母さんに「おいしかった！」と伝えた記憶を、今回のおむすびの話をするなかで思い出したそうです。

食の記憶はずっと残るもの。おむすびひとつ、料理ひとつ、おろそかに作らないようにしなければと、改めて思います。

まぁるい手でにぎる

中村さんの手は丸くてふっくらしていて、おいしいおむすびをにぎる手をしています。ごはんが熱すぎてなかなかにぎれない中村さんがぽつんと「お母さんってすごいなぁ」。

中村さんが小学生のとき、ある日お弁当に入っていたおむすびの海苔がパリパリだった

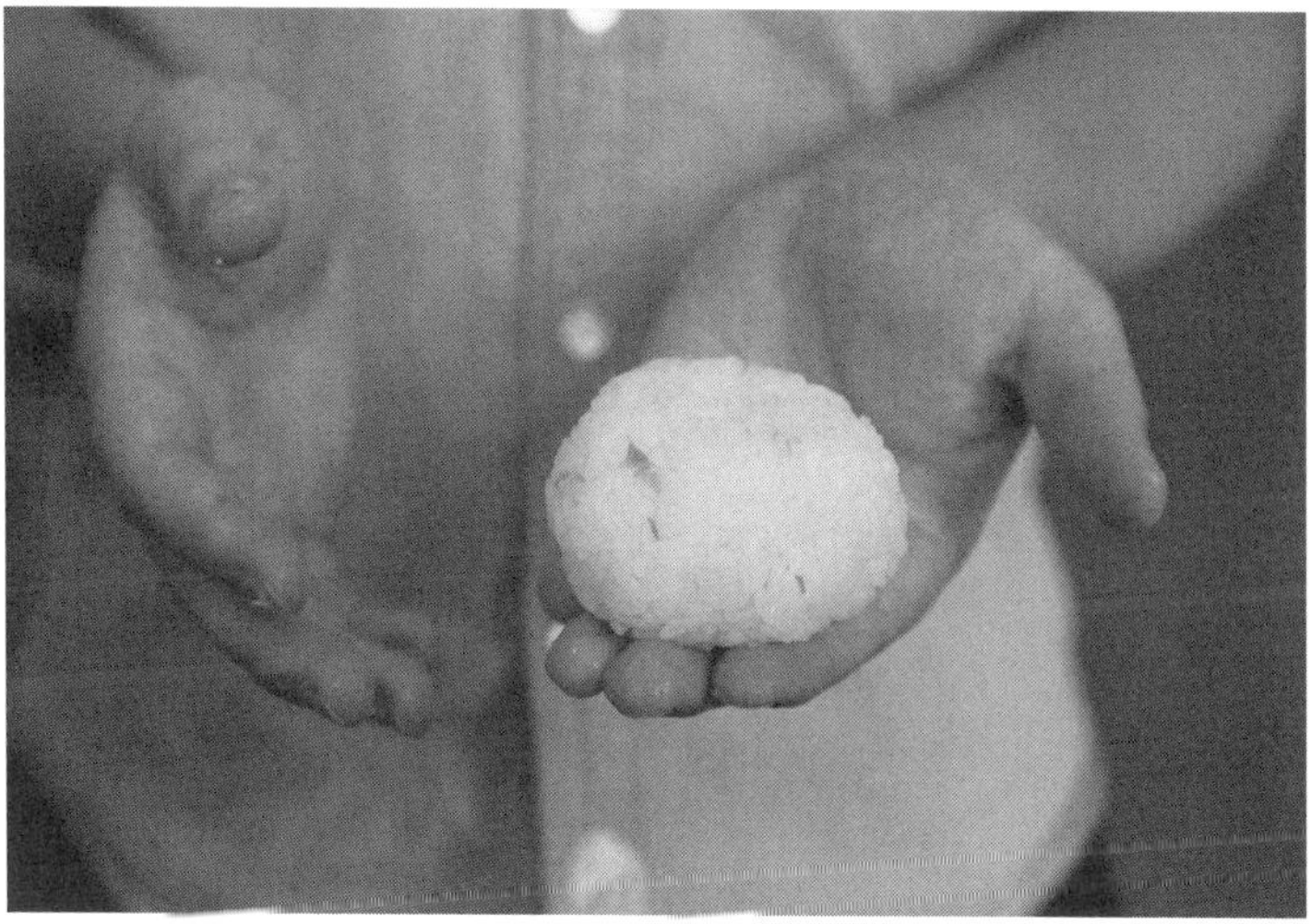

そうです。それはお母さんが「おにぎりフィルム」でおむすびを作ったからでした。コンビニのおむすびのように海苔とご飯を分けて包むことができるもので、当時は画期的なものでした。

パリッとした海苔を巻いて食べたおむすびは衝撃的だったそうです。

今回は私の愛用している羽釜を持ち込んでごはんを炊きました。ちなみに、中村さんも普段、羽釜でごはんを炊いています。

まずやってみる。すると気づきがある。ときには失敗もする。改善しながら少しずつ次に進む。中村さんのこの姿勢はおむすびをにぎるときも同じでした。どんなことも「楽しい、嬉しい」という気持ちを表現することが大切だな、とつくづく思いました。

〈レシピ〉

用意するもの
・ごはん……人数分
・鮭……適量
・まぁるい手

作り方
1　羽釜でごはんを炊く。
2　熱々のごはんを容器に入れる。手を濡らし、塩をつけて「熱い、熱い」と言いながら手にごはんをのせる。
3　ぎこちない手で丸い形を作ったら、真ん中に指で穴をあけ、鮭を入れる。
4　上にごはんを少しのせて穴をふさぎ、まぁるい手でふんわりにぎる。このとき鮭がはみ出してもかまわない。むしろそのほうがおいしくなる。

ブラジルからやって来たシンガーの「梅むすび」

音楽は唯一の「ドア」だった

ブラジルのポピュラー音楽界、屈指のアーティストである、ヘナート・ブラス。ブラジルで権威ある賞も受賞している実力派のシンガーです。音楽プロデューサーである私の夫と親しくしていることもあり、来日中にお話を伺いました。

五歳から歌い始めたというヘナート。彼の歌声は美しいだけではなく、大地を想わせる力強さと、天を突き抜けるような清らかさがあります。

ブラジル伝統音楽、ボサノバ、ポップス、サンバなど、さまざまな音楽の要素を含み、その声で聴く人を魅了します。

彼とは十年来の付き合いになりますが、こんなに無垢で純真で、あたたかさに溢れている人を見たことがありません。その彼の人柄がすべて歌に表現されていると思います。

あなたにとって音楽とは？　という問いに、ヘナートは「救い」と答えてくれました。複雑な家庭に育ち、決して裕福とは言えない環境の中で、音楽は彼にとっての唯一の「ドア」だったと。

多くの挫折を繰り返し、どんなにつらいことがあっても、彼は決して音楽を諦めませんでした。お金や名声のためではなく、ひたすら音楽を熱望し、追求し続けたのです。

それこそが本当の幸せであり、幸せになることが唯一の人間としての義務である、ということを彼はわかっていました。

音楽と正直に向き合うことに徹し、好きな歌以外は歌わないことを貫き通しています。

しがらみの多い世の中で、真の幸せが何であるかを理解し、それを実践している人はどれだけいるのでしょうか。

幸せというのは自分の手の中だけに存在するもの。決して容易く手に入るものではありません。いばらの道であっても、ヘナートのように信念を曲げずに突き進んでいくところに本当の幸せはあるのだと思います。

ブラジルで出会った梅おむすび

なぜヘナートにおむすびをにぎってもらうことになったのか。そのいきさつは三年前にさかのぼります。来日した折に、彼がこんなことを言ったからでした。

「人生の最後に食べたいものは梅おむすび」

ヘナートの最初のおむすび体験は、友人がブラジルの日系人街で買ってくれた梅干し入りのおむすびでした。

これまで出会ったことのなかった日本のファストフード、おむすび。その味に感動し、時々彼も食べるようになりました。その頃は父子家庭で、ヘナートが息子のアントニオ君を育てていました。経済的にも余裕がなく、アントニオ君が大好きな梅おむすびを買うために、日本食レストランまで往復三〜四時間かけて、歩いておむすびを買いに行くこともあったそうです。

今ではヘナート自身が家でおむすびをにぎっています。アントニオ君が通う学校のお弁当、そして友人たちを招いたときにもおむすびをふるまいます。

お話の途中で「手は一番の調味料です。そしておむすびは愛情を伝える手段ですね」と私が言うと、彼は嬉しそうに「音楽もまったく同じです。愛情を伝え、人とつながるためにあるものです」と涙目になっていたのが印

象的でした。

気持ちを伝えること。音楽も食も同じです。どちらも伝えていくことでしか守ることはできません。相手の心に響かせることが大事なのです。

音楽とおむすび。一見するとまったく違う世界も、奥底では同じ源流が流れていることがわかって、何だかいい気分になりました。

インタビューの終わりに彼はこんなことを言ってくれました。

「話をする中で自分への気づきがあり、学びがありました。おむすびを手でにぎることの意味を見出したような気がします」

歌もおむすびも祈るように

今回は、こちらで用意した羽釜を使ってごはんを炊き、おむすびをにぎってもらいました。

まるで祈るように、おむすびをむすびます。歌うときの表情にそっくり。

大きなからだ、そして大きな手で、器用に小さな三角おむすびを作るヘナート。食べる人がたくさん食べて楽しめるよう、小さなおむすびにするのだそうです。

普段は梅おむすびのほかに「わかめのふりかけ」や、沖縄出身でブラジル在住の日本人に教わった「味噌ベーコンおむすび」なども作ります。

前回ヘナートが来日したとき、私が教えたおむすびのにぎりかたは「硬くぎゅっとにぎらない」こと。それをちゃんと覚えていて、このことに気をつけながらブラジルでもにぎっているそうです。私がおむすびのてっぺんに具材を乗せていたのを見て覚え、さっそ

く今回、梅干しを乗せていました。素直な人は習得が早いですね。

人の心にダイレクトに響く音楽やおむすびは、何かを伝える表現方法として最適な形です。

おむすびは、楽しい、嬉しい、おいしい、あたたかい、というような幸福感をわかりやすく伝えることができます。そして、そのおいしさは、にぎる人が日々重ねていく心積もりで決まるのだと感じました。

〈レシピ〉

用意するもの

・ごはん……人数分
・梅干し……適量
・海苔……人数分
・塩……適量
・歌声と素直な心……少々

作り方

1　手に塩を少しつけ、ごはんをのせる。
2　梅干しを中央に入れて、静かににぎる。
3　上に梅干しをチョンとのせ、海苔をまく。

おわりに

おむすびをにぎるのは、実はあまり得意ではありませんでした。

あるとき「森のイスキヤ」の創設者である故・佐藤初女さんの講演会に行く機会がありました。公演前に腹ごしらえをしようと思い、おむすびをにぎって持って行きました。海苔で真っ黒になるまでペタペタと貼り付け、アルミホイルで包んだおむすびです。海苔を全体につけるのは、ごはんがホイルにくっつかないようにするためで、昔はこんなおむすびが多かったように思います。

さぁ食べようとアルミホイルを開けると、湯気でしっとりとした海苔の、何とも言えないおいしい香りが漂ってきました。その瞬間、亡き母を思い出したのです。ドキッとするほど鮮明な感覚でした。忘れていた懐かしい情景が映し出されて、母がにぎる姿を見ているような……。そして、もっとびっくりしたのは、私が無意識に母と同じおむすびを作っていたことでした。心に灯がついたようでした。

これを機におむすびに対する苦手意識がなくなり、おむすびについてもっと深く考えるようになりました。
おむすびは十人十色。形も具材もみんな違います。けれど、みんな脇目も振らずにひたむきににぎるのが面白いですね。にぎる時間は十秒ほど。その瞬間に込めた「自分」がおむすびというオブジェになるのだと、取材を終えて改めて感じます。
飾らなくていい。おいしくにぎろうなんて思わなくていい。素でにぎれば万事うまくいくのです。そのときの、自分らしいおむすびをにぎること。それがいまの最良ですから。

取材に協力してくださった皆さま、このコラムをずっと応援し、支えてくれたミシマ社のスタッフの皆さま、連載担当の毬藻舎《まりもしゃ》の友成響子さん、そして一緒に旅した写真家・野口さとこさん。つたない私をずっと支えてくださったすべての皆さまに、深く感謝いたします。

宮本しばに

私にとってのおむすびの思い出といえば、祖母のおむすびだ。母子家庭だった我が家では、母は働きに出ていて、家事はもっぱら同居していた祖母が担当だった。

祖母は洒落た人で、忙しいながらも、熱心に料理本や料理番組を見て、おいしい料理を研究し、子どもの私が喜ぶように、工夫してごはんを作ってくれた。高校時代のお弁当も、おばあちゃんが作ったとは思えないほど、彩《いろど》り豊かに凝ったお弁当だったので、クラスメイトへの密かな自慢だったし、お弁当を開けるのが、学校で過ごす中での一番の楽しみだった。

高校を卒業して、大学から東京で一人暮らしを始めることになり、お弁当生活も終わりを迎えたが、帰省するたび祖母にねだって、帰りの飛行機の中で食べるお弁当を作ってもらった。その大半は、おむすび弁当だった。

機体が離陸して、北の大地が眼下に広がり、雲の上に飛び出してひと段落する頃、お弁当の包みを開けるのは、学校でお昼を待てずに早弁するときの気持ちを思い起こさせる。わくわくしながらお弁当箱のフタを開けると、そこにはごはんに対してシャケとゴマの混合比率がやたら多いおむすびが入っていた。

窓の外に広がる真っ青な空と、真っ白い雲を眺めながらそのおむすびを頬張ると、いつもセンチメンタルな気分になる。あの感覚はいったいどこからくるのだろう。おむすびがたくさんの感情と結びついているからなのかもしれない。

むかしの恋人で、自分はおむすびにいい思い出なんてこれっぽっちもないという彼がいた。お母さんが作ったおむすびは、いつも香水の匂いがして、とても食べられたものではなかったそうなのだ。

なんて罪深い母親なんだろうと、その話を聞いたときは思ったが、今考えると、あのときの彼の言葉の裏には、母親へのなんともしがたい愛が隠されていたように思えるのだ。

今となっては、香水の匂いのするおむすびは、いい思い出なのよね、と思いたいのは私のエゴだろうか。

おいしいおむすびとは何なのだろう。

おいしくてもおいしくなくても、おむすびは一人ひとりの人生に実はなくてはならない存在、人生の一部となっているのかもしれない。

「たかが、おむすび」と、思う人もいるかもしれない。

けれど、本当はものすごく、「されどおむすび」なのである。

野口さとこ

本書に登場してくださった方々

・谷尾展子さん
手刺繍と天然本藍染めの「こちょこちょ」
http://www.cochococho.com/
ログハウス「ごまろぐ」
https://www.facebook.com/gomalog.kyoto
＊谷尾家はその後、同集落内のログハウス「ごまろぐ」に引っ越されました。

・田中勝巳さん
大信州酒造株式会社
長野県松本市島立2380　Tel. 0263-47-0895

・村田真彌子さん
EVERGREEN
http://evergreen.naganoblog.jp/

・高橋藍さん
オフィシャルブログ
http://ameblo.jp/takahashiai-official/

・大久保文靖さん
大久保醸造店
長野県松本市里山辺2889　Tel. 0263-32-3154

・神出達樹さん、さくらさん
base
長野県木曽郡木祖村小木曽1786
basedal2006@gmail.com

・西林浩史さん

・新居百合子さん
ガラス工房「百《もも》」

・小野喜代治さん
ネイビーヤード
http://www.navy-yard.com/

・大橋人士さん
Tobin Ohashi Gallery
http://tobinohashi.com/

・沼田みよりさん
沼田塾
http://numatajyuku.com

・カヨ・パティスンさん
http://www.lugos-glass.com

・中村健太さん、マキアヤコさん
蕎麦屋　とりい
＊現在休業中

・西山美華さん
みたて
http://www.hanaya-mitate.com/

・羽賀浩規さん
臨済宗妙心寺派「蓮華寺」　http://rengeji.sakura.ne.jp
花園禅塾　http://www.zenjyuku.sakura.ne.jp

・吉田大輔さん
津乃吉
京都市東山区新宮川町通五条上る田中町507-8
http://www.tsunokiti.com/

・岡田真紀さん
CHANCE MAKER（チャンスメーカー）
http://chance-maker.jp/
http://inspiring-pp.com/

・中村大樹さん
株式会社バリューブックス
https://www.valuebooks.jp/
nabo books & café
長野県上田市中央2-14-31
http://www.nabo.jp/

・ヘナート・ブラスさん
ブラジル・サンパウロ在住
http://sudadon.wixsite.com/living-music-japan/renato

文・宮本しばに（みやもと・しばに）

創作野菜料理家。二十代前半にヨガを習い始めたのがきっかけでベジタリアンになる。結婚してから東京で児童英語教室「めだかの学校」を主宰。その後、長野県に移り住む。一九九九年から各地で「ワールドベジタリアン料理教室」を開催。二〇一四年十月より、料理家の視点でセレクトしたキッチン道具&食卓道具のオンラインショップ「studio482+」を立ち上げる。

著書に『焼き菓子レシピノート』『野菜料理の３６５日』『野菜のごちそう』（以上、旭屋出版）、『野菜たっぷりすり鉢料理』（アノニマスタジオ）など。

https://studio482.theshop.jp

写真・野口さとこ（のぐち・さとこ）

北海道小樽市生まれ。写真好きな両親の元、幼少期より写真に興味を持つ。大学在学中に、フジフォトサロン新人賞部門賞を受賞し、写真家活動を開始。石仏や人形など命の無いものに宿る〝何か〟を写すこと、日本特有の土俗や風習のミステリーを写すことをコンセプトに制作を続けている。

二〇〇〇年《フジフォトサロン新人賞》部門賞受賞。二〇一二年《紙技百藝２０１２》馬場伸彦（写真評論）審査員特別賞受賞。活動拠点である京都を中心に、写真教室〝キラク写真講座〟を主催している。

https://www.satokonoguchi.com

本書は「みんなのミシマガジン」(www.mishimaga.com)に「みんなのおむすび」と題して二〇一五年五月から二〇一八年八月まで連載したものを改題し、加筆・再構成したものです。
また、本文内の情報は、取材当時のものです。

おむすびのにぎりかた

二〇一八年六月三日　初版第一刷発行

著者　宮本しばに、野口さとこ

発行者　三島邦弘
発行所　株式会社ミシマ社
郵便番号　一五二-〇〇三五
東京都目黒区自由が丘二-六-一三
電話　〇三（三七二四）五六一六
FAX　〇三（三七二四）五六一八
e-mail　hatena@mishimasha.com
URL　http://www.mishimasha.com/
振替　〇〇一六〇-一-三七二九七六

ブックデザイン　名久井直子

印刷・製本　株式会社シナノ
組版　有限会社エヴリ・シンク

ISBN　978-4-909394-09-5

手売りブックス

本が売れないと決めつける前に、「どう届けるか」をもっともっと探ってみたい。
そんな思いを「手売りブックス」というシリーズ名に込めました。

第一弾　2018年5月　一挙五冊刊行！

『きんじよ』いしいしんじ

著者と息子・ひとひ君の住む「きんじよ」には、いろんなお店とへんてこな
大人たちがいっぱい。皆で少年を育てているような感覚になる、名エッセイ。

ISBN978-4-909394-05-7 1500円

『佐藤ジュンコのおなか福福《ふくふく》日記』佐藤ジュンコ

お腹いっぱい、胸いっぱい。ちょっとばかりおっちょこちょいな
ジュンコさんの、春夏秋冬、ほがらかな日常を描いたコミックエッセイ。

ISBN978-4-909394-06-4 1500円

『究極の文字を求めて』松 樟太郎

自分オリジナルの文字を作ることに青春を捧げた著者が考えた
「究極の文字」とは——。古今東西の文字を使って遊び倒す、爆笑必至の一冊。

ISBN978-4-909394-07-1 1500円

『京をあつめて』丹所千佳

京都に住み、京都を愛する編集者が綴る、春夏秋冬を彩る
かわいい、おいしい、切ない、楽しい、心踊る「京」の断片。

ISBN978-4-909394-08-8 1500円

『おむすびのにぎりかた』文・宮本しばに、写真・野口さとこ

酒蔵の杜氏、僧侶、染色家、醤油屋……日本各地で暮らすさまざまな人たちの
にぎる「おむすび」のおいしさの謎を、料理研究家が訪ね歩く。

ISBN978-4-909394-09-5 1500円

（価格税別）